BALLON D'ESSAI.

DE L'IMPRIMERIE D'EGRON,
RUE DES NOYERS, N°. 24.

BALLON D'ESSAI,

OU

CHANSONS,

ET AUTRES POÉSIES,

DE

L. ARMAND-GOUFFÉ,

Convive des Dìners du Vaudeville,
et. . . . . voilà tout.

Autant en emporte le vent.

PARIS,

CHEZ CAPELLE, LIBRAIRE,

RUE J. J. ROUSSEAU, Nº. 346.

AN X. — 1802.

DÉCLARATION

conforme à la loi du...

AIR : *On compteroit les diamans.*

Le temps détruira les pamphlets
Qui maltraiteront cet ouvrage ;
Et , pour mes vers , pour mes couplets ,
Du temps je ne crains point l'outrage.
Mon nom doit vivre autant que ceux
D'Anacréon et de Sénèque ;
Car je l'ai fait , à côté d'eux ,
Placer à la *Bibliothèque.*

EXTRAIT DU DÉCRET

concernant les contrefacteurs.

Du 19 juillet 1793.

Art. IV. Tout contrefacteur sera tenu de payer au véritable propriétaire une somme équivalente au prix de trois mille exemplaires de l'édition originale.

CHANSON D'AVIS

AUX CONTREFACTEURS.

AIR : *Combien je suis frais et dispos !*

ON contrefait tout, à Paris :
On y voit mille personnages
Contrefaire les beaux esprits,
Les politiques et les sages ;
On y contrefait, sans pudeur,
Boileau, Lafontaine et Voltaire,
Et je sens qu'un mince rimeur
Est plus facile à contrefaire.

Propager le nom d'un auteur,
N'est-ce pas lui rendre service ?
Pour punir le contrefacteur,
Devrait-on armer la justice ?
A nos vers il veut procurer
Une fortune plus complète :

Si quelqu'un doit en murmurer,
C'est le public qui les achète.

Moi, citoyens contrefacteurs,
Vous pouvez tous me contrefaire.
Je ne suis pas de ces auteurs
Qu'un pareil jeu met en colère;
Je dis plus : J'aurai du plaisir
A me voir remettre en lumière;
Et si, chez vous, on vient saisir,
N'en accusez que mon libraire.

En conséquence, moi, qui ne fais point de vers, je déclare, en prose, que je poursuivrai, suivant la rigueur des lois, quiconque contrefera cet ouvrage *en tout* ou *en partie*.

Seront réputés faux, et saisis comme tels, les exemplaires qui ne seront pas signés :

Commissionnaire en librairie.
(*Voyez la page* 177.)

~~~~~~~~~~~~~~~~~~~~~~~~~~~~~~~

CHANSON-PRÉFACE.

AIR de la pipe de tabac.

POUR s'*elever* jusqu'au Parnasse,
Il est mille chemins divers ;
Je sais qu'en *volant*, on s'y place ,
Et je pars , au milieu des *airs*.   (*bis.*)
Il fallait , dans un cas semblable ,
Du *lest* , et j'en ai mis un peu ;
Mais , ma *voiture* est *inflammable* ,
Pour elle , j'ai bien peur *du feu !*   (*bis.*)

Mesdames , l'espoir de vous plaire
Me conduit au sacré vallon ;
Vous viendrez toutes , je l'espère ,
Enlever mon petit *ballon.*   (*bis.*)
Porté sur les rapides ailes
Et des Plaisirs et des Amours ,
Il pourra , s'il sait plaire aux belles ,
Faire un *voyage de long cours.*   (*bis.*)
~~~~~~~~~~~~~~~~~~~~~~~~~~~~~~~

Mais , contre ma frêle *voiture* ,
Peut-être l'on va conspirer :
Je te vois , maligne censure ,
Déjà prête à la *déchirer*.   (*bis.*)
Je ne veux pas à ta clémence
Recourir , comme on fait souvent :
Mords, *déchire* … J'en ris d'avance ,
Tu ne trouveras que *du vent*.   (*bis.*)

~~~~~~~~~~~~~~~~~~~~~~~~~~~~~~~~~~~~~~~

COUPLETS DÉDICATOIRES,

A MOI-MÊME.

AIR du Vaudeville de l'opéra-comique,
ou d'Arlequin afficheur.

UN protecteur met en crédit :
Lequel choisir ?... La peur m'arrête.
Un auteur ?... Je crains son esprit.
Un Crésus ?... N'est-il pas trop bête ?
Offrir un hommage bannal,
D'un vil flatteur, c'est le système :
De peur de le placer plus mal,
   Je me l'offre à *moi-même.*   (*bis.*)

J'adresserais bien mon recueil
A ma famille, à ma maîtresse :
Je serais sûr d'un bon accueil,
Car je suis sûr de leur tendresse ;
Mais, si l'ouvrage est ennuyeux,
~~~~~~~~~~~~~~~~~~~~~~~~~~~~~~~~~~~~~~~

Le beau présent, pour ceux que j'aime !
Ah ! je sens qu'il vaut encor mieux
   Me l'offrir à *moi-même.*   (*bis.*)

Je devrais flatter, prudemment,
Nos plus terribles satiriques ;
Avec un petit compliment,
On désarme bien des critiques.
Mais, quand ils se feraient la loi
D'épargner ma faiblesse extrême,
Ils ne seront jamais, pour moi,
   Plus clémens que *moi-même.*   (*bis.*)

Sans chercher un plus long détour,
Je me présente mon ouvrage ;
Je me demande, tour à tour,
Et je me promets mon suffrage.
Cet hommage n'est point suspect,
Car je fais mon bonheur suprême
D'être, *avec un profond respect,*
   Mon serviteur,

MOI—MÊME.

BALLON D'ESSAI.

~~~~~~~~~~~~~~~~~~~~~~~~~~~

LE DÉLUGE UNIVERSEL.

CANTIQUE A BOIRE.

AIR : Pleurez, mes yeux, pleurez mon sort funeste.

PLEUREZ, messieurs! je chante le grabuge
Que fit jadis le ciel, dans ses fureurs ;
Et vous sentez qu'en pensant au *déluge*,
On doit verser un *déluge* de pleurs.　　(*bis* .)

AIR du Vaudeville de la Belle fermière.

Les mortels, mauvais chrétiens,
Se lassaient d'entendre la messe ;
Ils juraient comme des chiens,
Même ils n'allaient plus à confesse.
　Ce désordre universel
　Était un outrage au ciel :
C'est pourquoi le Père éternel
　Se mit, dans sa colère,
A lâcher de l'eau sur la terre !　　(*bis.*)
~~~~~~~~~~~~~~~~~~~~~~~~~~~

AIR : Un jour Guillot trouva Lisette.

Il pleut à flots dans les campagnes,
Tout est détruit et submergé ;
Et pour grimper sur les montagnes,
De ses foyers on prend congé.
Toutes les routes sont garnies   (*bis.*)
De fuyards percés jusqu'aux os :
Un fabriquant de parapluies
Aurait, ce jour - là , gagné gros !   (*bis.*)

AIR du porteur d'eau, (de la Pauvre femme.)

Les porteurs d'eau , voyant pleuvoir,
Comptaient déjà faire fortune ;
Mais le ciel trompa leur espoir :
La débâcle leur fut commune :
C'est alors , du moins je le crois ,
Qu'on vit, pour la première fois,
Les loups , les tigres , les agneaux ,
Les chiens , les chats et les oiseaux ,
    Les chevaux
    Et les veaux ,
Les humains et les escargots
     A l'eau !   (*bis.*)
    Ah ! les pauvres nigauds ,
     A l'eau !   (*bis.*)

Ah ! les pauvres nigauds ,
Que n'inventaient-ils les bateaux ? (*ter.*)

AIR des ci-devant pendus.

Ceci nous fait voir , mes amis ,
Qu'il faut être , en tout temps , soumis
Aux ordres de l'Etre suprême :
Songeons qu'il est toujours le même ,
Et qu'il peut faire , de nouveau ,
Tomber tous nos projets *dans l'eau.*

AIR : l'Amour est un enfant trompeur.

Un vieillard , par bonheur pour nous ,
  Ne fut pas de la fête ;
Dieu permit , malgré son courroux ,
  Qu'il bravât la tempête :
S'il cessait d'être bon chrétien ,
L'Eternel savait le moyen
  De lui laver la tête.   (*bis.*)

AIR : L'autre jour, la p'tite Isabelle.

Dieu lui fait construire une barque ,
Grande au moins comme *la Pitié* ;
Noé , dans la barque , s'embarque ,

Suivi de sa chaste moitié ;
Puis, dans ce flottant domicile,
Tous les animaux, derrière eux,
    Vont à la file,   (*bis.*)
    Deux par deux.
Adieu donc, Noé, bon voyage,
Gouvernez bien votre vaisseau :
Ma foi, si vous faites naufrage,
L'espèce humaine est à *vau-l'eau*. (*bis.*)

A I R : Avec les jeux dans le village.

Ce qui n'entra pas dans la barque,
Périt alors tout à la fois,
Et des airs l'orgueilleux monarque,
Et le faible habitant des bois ;
Rien n'en échappa, dit l'histoire :
Mais, pour nous qui réfléchissons,
Il est difficile de croire
Que Dieu put noyer les poissons.

A I R : Il faut quitter ce que j'adore.

Après deux grands mois de colère,
Le Tout-puissant retint son eau,
Et, dès qu'on put marcher par terre,
Noé sortit de son bateau.

Sa femme qui voyait, par l'onde,
Tout dépeuplé, tout dévasté,
Lui fit, de repeupler le monde,
Comprendre la nécessité.   (*bis.*)

AIR de la croisée.

Sitôt que la dame en parla,
Noé tomba d'accord, sans peine,
Qu'il fallait en passer par là,
Ou voir finir l'espèce humaine ;
Mais la lenteur de ses travaux
Déconcerta sa ménagère :
Le vieillard, glacé par les eaux,
    Ne fit que de l'eau claire.   (*bis.*)

AIR de la pipe de tabac.

Dieu, pour réchauffer sa vieillesse,
Lui montra la vigne, en un coin,
Et lui dit comment la tendresse
Peut y recourir au besoin.
Il ajouta : fais bon usage
Du jus charmant de ce raisin,
Sans quoi, pour te rendre plus sage,
Je mettrai de l'eau dans ton vin.   (*bis.*)

2.

AIR : Un chanoine de l'Auxerrois.

Noé , réchauffé par le vin ,
Tira de l'eau le genre humain.
Célébrons sa mémoire !
Le vin est un bienfait du ciel :
J'en bois pour plaire à l'éternel ,
Et n'en bois qu'à sa gloire.
Le déluge viendrait en vain :
Dans l'eau je répandrai mon vin ;
Par ce moyen-là ,
Elle deviendra
Moins difficile à boire.

ADIEUX

A MON BATAILLON,

lorsque j'obtins mon congé de réforme,
à cause de la faiblesse de ma vue.

AIR : Chantez, dansez, amusez-vous.

Vous marcherez seuls aux combats :
Je ne puis être du voyage ;
On dit, puisque je n'y vois pas,
Que je suis propre au mariage :
Pour suivre de si douces lois,
Y *regarderais-je* à deux fois ?

La faculté, par ses commis,
Vient de me déclarer myope :
Pour découvrir les ennemis,
J'aurais besoin d'un télescope :
Mais pour voir de jeunes attraits,
J'aime mieux *regarder* de près.

Pourrai-je, avec de mauvais yeux,
Suivre Bellonne, dans sa route ?
A mon état il convient mieux
De suivre un dieu qui n'y voit goutte ;
Ce dieu peut, à mes yeux surpris,
Faire encor *voir* bien du pays.

Tandis que de nobles lauriers
Vous allez couronner vos têtes,
Moi, dans mes paisibles foyers,
Je vais tenter d'autres conquêtes.
Que je trouve un tendron charmant,
Et je l'épouse *aveuglément*.

~~~~~~

MON EPITHALAME.

CHANSON.

AIR : Il faut quitter ce que j'adore.

Vous qui , de la brune à la blonde ,
Promenez vos fades soupirs,
Et parcourez ainsi le monde ,
Sans pouvoir fixer vos désirs ,
N'attendez pas que je condamne
Des feux qui ne durent qu'un jour :
Qui n'a pas vu Féliciane ,
Ne doit pas connaître l'Amour.   (*bis.*)

J'ai laissé couler quatre lustres ,
Sans m'occuper de la beauté ,
Parmi tant d'esclaves illustres ,
L'Amour ne m'avait point compté ;
Mais indigné qu'un cœur profane
Refusât de grossir sa cour ,
Ce dieu m'offrit Féliciane :
Il fallut céder à l'Amour.   (*bis.*)
~~~~~~

Entre les bras d'un tendre père,
D'une mère chère à mon cœur,
Dans notre hameau solitaire,
Long-temps j'ai trouvé le bonheur;
Jardins fortunés de Brévane,
Que j'aimerai votre séjour !
Il vous manquait Féliciane,
Pour avoir seuls tout mon amour.

Ainsi, d'une rose nouvelle,
Amour ! tu pares mon printemps;
Cette rose, toujours plus belle,
Doit parer encor mes vieux ans.
Si la fleur du plaisir se fane,
Auprès de nos beautés du jour,
Sur les pas de Féliciane,
Chaque instant rajeunît l'Amour.

Je voulais, ivre de ma gloire,
Ne chanter que la volupté;
Mais il faut un couplet à boire,
C'est un usage respecté.
Puissent Bacchus et sa tisane
Enivrer chacun, à son tour !
Mais, auprès de Féliciane,
Laissez-moi m'enivrer d'amour.

COUPLETS

A Mlle. BERTRAND,

sur son nom.

AIR : On compterait les diamans.

BERTRAND fut un singe vanté,
Si j'en crois le bon Lafontaine :
Ce nom sied-il à la beauté
Dont nous chérissons tous la chaîne ?
De ce nom, je n'en puis douter,
J'ai découvert enfin les traces :
Est-on singe pour imiter ?
Vous êtes le singe des grâces.

Lorsque vous tenez le pinceau,
D'un singe vous avez l'adresse ;
Mais le mieux fait et le plus beau
N'eut jamais votre gentillesse.
L'Amour vous fit pour tout charmer ;
De ses traits il forma les vôtres,
Et les hommes, pour vous aimer,
Sont tous singes les uns des autres.

COUPLETS

A THÉRÈSE,

que je voyais pour la seconde fois,
et dont on célébrait la fête.

AIR : Voulez-vous savoir les on dit ?

Pour Claude, Antoine, ou Nicolas,
J'ai fait cent couplets bêtes,
Et, je l'avcuerai, j'étais las
De rimer pour des fêtes.
Chanter est mon fort ;
Mais il faut, d'abord,
Que le sujet me plaise.
Aussi, Dieu merci,
De grand cœur, ici,
Je vais chanter *Thérèse*.

Pour ses grâces, pour sa beauté,
Si partout on l'adore,

Pour son esprit, pour sa gaîté,
Nous l'aimons plus encore.
Dans ses traits jolis,
Je vois rose et lis ;
Sur sa bouche est la fraise.
Oui, Flore et l'amour
Ont fait, tour à tour,
Leurs présens à *Thérèse*.

Ce portrait paraît sûrement
Peu digne du modèle ;
Mais, depuis deux jours seulement,
Je connais cette belle.
Sur mille agrémens,
Mille dons charmans,
Il faut que je me taise :
En si peu d'instans,
On n'a que le temps
De brûler pour *Thérèse*.

De charmer elle a le secret,
Et, lorsque chacun l'aime,
Je puis, sans paraître indiscret,
L'aimer aussi moi-même ;
Mais, sans intérét,
On le lui dirait,

Puisque (par parenthèse)
Bravant les jaloux,
Son heureux époux
Peut seul plaire à *Thérèse*.

On pourrait , avec plus d'esprit ,
Dire la même chose ;
Mais si Thérèse me sourit ,
J'aurai gagné ma cause.
Laissant les auteurs ,
De vers enchanteurs
Orner une fadaise ,
Moi , tout bonnement ,
Et sans compliment ,
Je dis ; J'aime *Thérèse*.

Thérèse , jugez , sans rigueur ,
Une chanson légère ;
Pour des vers dictés par le cœur ,
Ne soyez point sévère.
Quoiqu'ils soient mauvais ,
De les avoir faits
Je ne me sens pas d'aise ,
Et j'ai raison , car
Ils finiront par
Un baiser de *Thérèse*.

COUPLET

A M. H…

mon chef, au ministère des finances, pour
le jour de sa fête.

AIR : En quatre mots, je vais vous conter ça.

Je serai bref,
J'en jure par mon chef!
Si Phébus ne conduit ma nef,
Je crains plus d'un méchef.
Cher Joseph!
Ton nom m'élève ;
Mais au fond du cœur j'endêve
Que la rime en ef
N'ait, dans fief,
Que le juron par f,
L'adverbe de rechef
Et le vilain grief,
Pour dire qu'on aime, en Joseph,
Epoux, père, ami, chef.

LE CORBILLON,

mot qui me fut donné pour sujet de chanson, lors de mon admission aux dîners du Vaudeville.

AIR de la pipe de tabac.

JARDINIERS chers au Vaudeville,
Malgré l'hiver et ses rigueurs,
Vous formez, au sein de la ville,
Tous les mois, un panier de fleurs. (*bis.*)
Le plaisir, qu'on métamorphose,
Chez les Français, en papillon,
Amant de fleurs, toujours repose
Sur votre joli *corbillon.*   (*bis.*)

Au milieu des roses pressées
Dans ce *corbillon* enchanteur,
Combien de nouvelles pensées,
Dont rien n'altère la fraîcheur!   (*bis.*)
Vous daignez en vain me permettre
D'apporter mon échantillon;
Vous ne me laissez rien à mettre
Dans votre joli *corbillon.*   (*bis.*)

Un autre corbillon encore
De mes chants doit être l'objet :
Viens, Amour, c'est toi que j'implore ;
Fais-moi rentrer dans mon sujet.   (*bis.*)
Point d'équivoques, point de doutes,
Sur le mot, sur l'intention,
Les belles doivent savoir toutes
Ce qu'on appelle un *corbillon*.   (*bis.*)

Lorsque le plaisir, sous la treille,
Les avertit de se ranger,
Avec une ivresse pareille,
Jeune ou vieille court vendanger : (*bis.*)
L'une prend la grappe vermeille,
L'autre s'en tient au grapillon ;
Les mamans ont une corbeille,
Les fillettes un *corbillon*.   (*bis.*)

Au temps heureux de l'innocence,
Temps qui n'aurait pas dû changer,
Fille donnait, sans résistance,
Son corbillon à son berger ;   (*bis.*)
Aujourd'hui, Plutus seul ordonne,
L'amour a baissé pavillon,
Fille ne dit plus : Je vous *donne*,
Mais, je vous *vends* mon *corbillon*. (*bis*).

De là, ce jeu que chacun aime,
Où l'on demande : *Qu'y met-on ?*
Agnès répond : *Tarte à la créme,*
Malgré la rime et la raison.   (*bis.*)
Vous trouverez mieux, je parie,
Rimeurs favoris d'Apollon :
Qu'y met-on ? Parlez, je vous prie,
Je vous passe le *corbillon.*   (*bis.*)

~~~~~~~~~~~~~~~~~~~~~~~~~~~~~~~~~~

C'EST BON SIGNE.

CHANSON,

adressée aux convives des diners du
Vaudeville.

AIR : Voulez-vous savoir les on dit?

Pour entrer au sacré vallon,
J'avais besoin d'escorte ;
Vous m'avez, au nom d'Apollon,
Gaîment ouvert la porte.
De suivre vos pas,
Je me dis tout bas
Que je ne suis pas digne ;
Mais si mon refrein
Vous met tous en train,
Je dirai : *C'est bon signe !*

Sur quel air ferai-je un couplet ?
Eh ! songeons aux paroles !
~~~~~~~~~~~~~~~~~~~~~~~~~~~~~~~~~~

Un sot refrein toujours déplait,
Malgré des sons frivoles,
Mais quand on écrit,
Si le trait d'esprit
Se montre à chaque ligne,
Si le vers malin
Pétille au refrein,
Moi je dis : *C'est bon signe !*

Quand certains chansonniers bâtards,
De plaire ont l'avantage,
Leur succès est, pour les beaux-arts,
Un funeste présage ;
Mais quand les sifflets
Couvrent leurs couplets,
Dont le bon goût s'indigne,
Si c'est pour l'auteur,
Signe de malheur,
Pour l'esprit, *c'est bon signe.*

Railler, sans jamais insulter,
Du goût c'est la consigne ;
En piquant, l'esprit sait flatter :
La sottise égratigne.
Vainement un sot,
Dans un plat bon mot,

M'attaque et me désigne ;
　　A tort, à travers,
　　Qu'il fronde mes vers :
Pour mes vers, *c'est bon signe.*

Lorsque l'objet de nos désirs,
　　Le soir, sur la verdure,
Rit de nos feux, de nos soupirs,
　　C'est un mauvais augure ;
　　　Mais quand la beauté,
　　　Quittant sa fierté,
Rougit et se résigne,
　　　Trop heureux amant,
　　　Saisis le moment,
Ne crains rien, *c'est bon signe.*

Un galant, s'il croit deviner
　　Les désirs de sa belle ;
Un Gascon, si, pour le dîner,
　　Il entend qu'on l'appelle ;
　　　Un buveur joyeux,
　　　S'il voit que les Dieux
Fassent fleurir la vigne ;
　　　Un voleur qui fuit,
　　　Un tendron qu'on suit,
Disent tous : *C'est bon signe.*

Le vœu le plus cher des Français,
Rassasiés de gloire,
C'est d'obtenir enfin la paix,
Pour prix de la victoire.
Tel dit : Nous l'aurons !
Et tel : Nous verrons !
Moi, j'attends qu'on la signe.
Je vois nos guerriers
Couverts de lauriers,
Et je dis : *C'est bon signe.*

~~~~~~~~~~~~~~~~~~~~~~~~~~~~~~~~~~~~

LE COUCHER.

CHANSON.

AIR : Il faut quitter ce que j'adore.

Les soucis, la crainte et la haine
Suivent les grands sur le duvet ;
Le riche, qui repose à peine,
Voit des voleurs à son chevet.
Mais, dans un bois, quand ma bergère
Sur mes genoux vient se pencher,
Elle fait, d'un lit de fougère
Le plus délicieux *coucher*.

Paul, admis au coucher d'un prince,
Est charmé d'un honneur pareil,
Mon goût sent un peu la province,
J'aime le coucher du soleil :
Au sein de Thétis qui le presse,
A peine va-t-il se cacher,
Je répète, avec ma maîtresse,
La douce leçon du *coucher*.
~~~~~~~~~~~~~~~~~~~~~~~~~~~~~~~~~~~~

A tous les yeux , chaque parure
De Glycère embellit les traits ;
Moi , je ne vois , dans la nature ,
Rien qui puisse orner ses attraits.
Dans son alcove retirée ,
C'est là que j'aime à la chercher ;
Je ne la trouve bien parée ,
Que dans le moment du *coucher.*

Lise a quinze ans , l'Hymen la happe ,
Comptant sur un bonheur certain ;
Mais l'adroit Amour rit sous cape ,
Ce dieu s'est levé plus matin.
Si tu la trouves toute apprise ,
Pauvre Hymen ! dois-tu te fâcher ?
A son lever l'Amour l'a prise ,
Tu ne la prends qu'à son *coucher.*

Avec Favart , on voit , en France ,
Le Vaudeville se lever :
Dès son réveil il chante , il danse :
L'enfant n'aime point à rêver.
Voulez-vous le voir , par la ville
Long-temps courir ? il faut tâcher
Que le *Dîner du Vaudeville*
Eloigne toujours son *coucher.*

COUPLETS MORAUX,

SUR LE MÊME SUJET.

Même air.

Le néant est pour l'existence
Ce que pour l'homme est le sommeil,
Et le jour de notre naissance
Est comme l'instant du réveil ;
Vers le soir et vers la vieillesse
Chaque moment nous fait marcher ;
Quand l'âge vient, quand le jour baisse,
Voilà le moment du *coucher*.

Sur l'édredon ou sur la dure,
En paix si tu veux sommeiller,
Songe, mortel, qu'une âme pure
Est un excellent oreiller.
Riche ou pauvre, sois honnête homme,
Et si la mort vient te chercher,
Comme tu dois faire un long somme,
Tâche d'avoir un bon *coucher*.

4

LES COMMANDEMENS

DU DIABLE,

OU

LA DÉCADE BIEN EMPLOYÉE.

AGENDA

trouvé dans la poche d'un honnête homme.

AIR : *En quatre mois.*

DE faux témoin servez, le *primidi*,
Pillez les marchands, *duodi*,
Assassinez, *tridi*,
Quartidi, faites des groupes,
Désorganisez les troupes,
Pendez, *quintidi*,
Incendiez les maisons, *sextidi*,
Fusillez, *septidi*,
Mitraillez, *octidi*,
Et guillotinez, *nonidi*,
Pour danser, *decadi*.

~~~~~~~~~~~~~~~~~~~~~~~~~~~~~~

L'AVENIR.

CHANSON.

AIR du vaudeville de Jean Monnet.

JE suis de l'avis d'Horace :
La mort peut venir demain ;
Loin que son aspect me glace,
Je l'attends, le verre en main ;
  De saisir
  Le plaisir
Quand le moment se présente,
Du présent je me contente,
Et je ris de l'*avenir*.

Mais, si le sort, que je brave
Tant qu'il me reste un tonneau,
Vient épuiser, dans ma cave,
Mon vin vieux, mon vin nouveau,
  Voir fleurir,
  Voir mûrir
Les raisins.... cela console :
~~~~~~~~~~~~~~~~~~~~~~~~~~~~~~

Ce que le présent me vole
M'est rendu par l'*avenir.*

J'aime une fille jolie,
Entre seize et vingt printemps,
Et ne fais pas la folie
De soupirer trop long-temps.
  Un soupir
  Fait languir;
L'instant fuit, le temps me presse,
Et me fait voir la vieillesse
Sur les pas de l'*avenir.*

Mais fillette, à son aurore,
M'inspire aussi de l'amour:
Son cœur est muet encore,
Son cœur doit parler un jour.
  A s'ouvrir,
  A fleurir,
Quand un bouton se dispose,
Ainsi nous aimons la rose
Que nous promet l'*avenir.*

Pour voir la sottise, en France,
Le temps présent nous suffit ;
Mais veut-on voir l'élégance,

Le bon ton, le goût, l'esprit,
Tout polir,
Embellir?
Français, il faut pour ta gloire,
Du passé garder mémoire,
Ou pénétrer l'*avenir*.

Pour Cloé, beauté qu'on cite,
Et dont la fraîcheur nous plaît;
Pour Damis, dont on récite
Une épigramme, un couplet,
S'applaudir,
S'étourdir,
Est un travers que j'excuse.
Le présent, qui les abuse,
Est leur unique *avenir*.

A l'avenir, dans ce monde
Nul ne saurait parvenir;
Il vient, à chaque seconde,
Mais n'a jamais pu venir.
Au désir
D'en jouir,
Quand on se livre, il échappe:
C'est le présent qu'on attrape,
Dès qu'on touche à l'*avenir*.

~~~~~~~~~~~~~~~~~~~~~~~~~~~~~~~~~~~~~~

DIOGÈNE,

OU

JE CHERCHE UN HOMME.

CHANSON.

AIR du pas redoublé de l'infanterie.

Sur les pas de la Vérité,
  Diogène moderne,
Au milieu de l'obscurité,
  Je porte ma lanterne,
Et, parmi les grands que je vois,
  Ou que l'histoire nomme,
Je trouve des héros, des rois,
  Partout je cherche *un homme*.

Je vois des docteurs, à Pékin,
  A Mexico, des riches,
Des politiques, à Berlin,
~~~~~~~~~~~~~~~~~~~~~~~~~~~~~~~~~~~~~~

An Caire, des derviches;
A Londres, je vois des penseurs,
     Des Capucins, à Rome,
Je vois, à Paris, des danseurs :
     Partout je cherche un *homme*.

Chez les Turcs, je perdrais mes pas.
     Leurs femmes sont fort belles,
Mais, morbleu ! ... je ne voudrais pas
     Qu'on me trouvât près d'elles :
L'amant qu'au sérail on saisit
     Est traité ... Dieu sait comme !
Et ce n'est pas là, m'a-t-on dit,
     Qu'il faut chercher un *homme*.

Aurais-je cru, chez la beauté,
     Trouver un Diogène ?
Je demande un jour à Myrthé,
     Que je voyais en peine :
« Vous a-t-on pris quelques bijoux,
     Ou quelque forte somme ?
— Non, monsieur. — Mais que cherchez-vous ?
     — Hélas ! je cherche un *homme*. »

Que de fillettes je connais,
     Diogènes femelles !

Ne cherchons donc plus désormais
Ce que cherchent les belles :
Qu'il m'en vienne une de vingt ans,
Et je veux qu'on m'assomme,
Si je lui laisse plus long-temps,
Dire : *je cherche un homme.*

OSCAR,

FILS D'OSSIAN,

TRAGÉDIE EN CINQ COUPLETS.

Le Théâtre représente un désert terminé
par la mer.

PREMIER COUPLET.

AIR : En quatre mots, je vais vous conter ça.

Au bord de l'eau, la belle Malvina
S'en va, cherchant par-ci, par-là,
Si Dermide viendra.
Ivre d'amour et de rage,
Oscar vient sur le rivage.
Et puis.... il s'en va.
Mon cher Oscar ! eh ! mais restez donc là,
Dit la belle qu'il va
Laisser seule déjà ;
Vous m'aimez, n'est-ce que cela ?
Restez, et l'on verra.

SECOND COUPLET.

Le Théâtre représente l'appartement de
Malvina.

Oscar demeure : on en est enchanté.
Bientôt arrive un député,
Qui, d'un air attristé,
Dit : Votre mari se noie ;
Mais apprenant, avec joie,
Qu'Oscar est resté,
D'un tel ami connaissant la bonté,
La générosité,
La sensibilité,
Il veut qu'Oscar, par vous fêté,
En époux soit traité.

TROISIÈME COUPLET.

La décoration ne change point.

Quand voulez-vous dire le fameux *oui* ?
Demande Oscar tout réjoui.
— Eh ! mais dès aujourd'hui.
Nouveau confident arrive,

Et l'on entend , sur la rive ,
  Du charivari.
Oscar apprend que son maudit ami
  N'était mort qu'à demi ,
  Qu'il revient bien guéri :
Il sort du logis , de peur d'y
  Rencontrer le mari.

QUATRIÈME COUPLET.

Le Théâtre représente un Cimetière.

Le bon époux , comme un pauvre nigaud ,
  Au lieu de rentrer *subito* ,
    Reste auprès d'un tombeau :
    A son enfant il raconte ,
    Pour l'endormir , plus d'un conte :
    Voici du nouveau !
Oscar paraît , et Dermide aussitôt
    Veut l'embrasser. . . — Tout beau !
    Lui dit Oscar : il faut ,
Puisque tu n'es pas mort dans l'eau ,
  Que je sois ton bourreau.

CINQUIÈME COUPLET.

Le Théâtre représente l'appartement de
Malvina.

Dermide est mort, Oscar est revenu,
  Et de l'ami qu'il a perdu
    Ne s'est plus souvenu.
  Il poursuit (l'idée est neuve)
    La femme qu'il rendit veuve :
    Il est bien reçu.
Mais en dormant, le marmot a tout vu,
    Oscar est reconnu,
    Accusé, convaincu ;
  Il se frappe, et tout est conclu,
    Comme on l'avait prévu.

La toile tombe, et tout le monde s'en va.

~~~~~~

MON GOUT.

CHANSON.

AIR : Trouverez-vous un parlement.

Que l'on me trouve une beauté,
Coquette, agaçante et légère,
Qui, mettant l'orgueil de côté,
Ne soit ni prude ni sévère ;
Qui, ne sachant rien refuser,
Rende caresse pour caresse,
Pour un baiser, rende un baiser :
J'en fais à l'instant *ma maîtresse.*

Mais une Agnès ne sachant rien,
Une Agnès, pleine d'innocence,
Dont la rougeur, dont le maintien,
Prouvent la vertu, la décence,
D'un air gauche et mal assuré,
Recevant l'aveu de ma flamme,
A ma honte, je l'avoûrai :
Cette Agnès.... j'en ferai *ma femme.*

5
~~~~~~

Pauline embellit sa candeur,
Par un peu de coquetterie ;
Toujours, à son air de pudeur,
Un air de gaîté se marie ;
Son sourire invite à l'amour,
Ses yeux commandent la sagesse :
Ce sera *ma femme*, le jour,
La nuit, ce sera *ma maîtresse*.

~~~~~~~~~~~~~~~~~~~~~~~~~~~~~~

L'AMOUR.

Air de la Psyché. (Contredanse.)

L'Amour,
Tour à tour,
De plaisirs,
De soupirs,
Embellit,
Ou flétrit
Les momens
Des amans;
Flatter,
Tourmenter,
Désoler,
Consoler,
En tout lieu,
Pour ce dieu,
C'est un jeu.

D'abord,
Près du port,
On se voit,
~~~~~~~~~~~~~~~~~~~~~~~~~~~~~~

Et l'on croit,
Malgré tous
Les jaloux,
Aborder
Sans tarder.
Bientôt,
Vient un flot,
L'éclair luit,
L'espoir fuit,
Et trop tard
Le hasard
Fait juger
Le danger.

L'amour
Tour à tour,
De plaisirs,
De soupirs,
Embellit,
Ou flétrit
Les momens
Des amans;
Flatter,
Tourmenter,
Désoler,
Consoler,

En tout lieu,
Pour ce dieu,
C'est un jeu.

Folle jeunesse !
Quand la tendresse
Promet, sans cesse,
A ton cœur,
Le bonheur,
Crois-moi,
Garde-toi
De l'écueil,
Que ton œil
Enchanté,
Transporté,
Ne voit pas
Sous tes pas.

L'amour,
Tour à tour
De plaisirs,
De soupirs
Embellit
Ou flétrit
Les momens
Des amans.

Flatter,
Tourmenter,
Désoler,
Consoler,
En tout lieu,
Pour ce Dieu
C'est un jeu.

———

~~~~~~~~~~~~~~~~~~~~~~~~~~~~~~~~~~~

LA JALOUSIE.

CHANSON.

A I R de la croisée.

On a, dans l'empire amoureux,
Long - temps célébré la croisée ;
Elle fait des amans heureux ,
Et leur ouvre une route aisée :
Protégé par le demi-jour ,
Dans les bras de mon Aspasie ,
Aujourd'hui, je veux , à mon tour ,
  Chanter la *jalousie*.   (*bis.*)

La Pudeur et la Volupté ,
Désirent l'ombre et le mystère :
On n'obtient rien de la beauté ,
Quand un jour trop brillant l'éclaire.
Celle qui vous a su charmer ,
Résiste-t-elle à votre envie?
Quand vous voudrez la désarmer ,
  Baissez la *jalousie*.   (*bis.*)
~~~~~~~~~~~~~~~~~~~~~~~~~~~~~~~~~~~

L'Amour veut des plaisirs secrets :
On craint d'allarmer ce qu'on aime ;
Pour fuir tous les yeux indiscrets,
L'amant doit prendre un soin extrême :
Or , dans un galant rendez-vous
Avec celle qu'on a choisie ,
Rien ne garantit des jaloux
    Comme la *jalousie.*   (*bis.*)

~~~~~~~~~~~~~~~~~~~~~~~~~~~~~~~~~~~

LES GRACES MAL MENÉES.

CHANSON ANACRÉONTIQUE.

A I R : Sur son sopha, dans son boudoir.

LES Grâces faisaient un voyage....
Églé, tu souris, je le vois,
Mais ce n'est point un badinage :
Tu voyages bien quelquefois.   (*bis.*)

Cupidon, avec politesse,
Tour à tour, leur prêtait son bras ;
Mais il est aveugle, et, sans cesse,
Leur faisait faire des faux pas.

Les Grâces, d'un air bien sincère,
Chaque fois qu'il les faisait cheoir,
S'écriaient, en plaignant leur frère,
Qu'il est fâcheux de ne rien voir !

L'Amour reprit : vous devez rire
Du bandeau qui couvre mes yeux :
Si j'y voyais pour vous conduire,
Vos faux pas seraient plus nombreux.
~~~~~~~~~~~~~~~~~~~~~~~~~~~~~~~~~~~

Je sais, à ne pas voir les Grâces,
Combien je perds, mais ajoutons
Que l'Amour sait de ces disgrâces
Se dédommager... à tâtons.

Pour ne plus tomber, sur ses traces,
Ses sœurs le quittèrent, un jour;
Mais elles virent que les Grâces
Ne sauraient marcher sans l'Amour.

Elles revinrent à leur frère,
Et ceci doit vous avertir
Que, pour le fuir, on a beau faire,
Il faut toujours y revenir.

ENVOI.

Avec le Dieu qui n'y voit goutte,
Crains-tu de te mettre en chemin?
Pour te conduire, sur la route,
Laisse-moi te donner la main.

De l'espiègle Amour, ma bergère,
Tu dois peu craindre les noirceurs:
Ce Dieu sait respecter sa mère,
Quoiqu'il badine avec ses sœurs.

~~~~~~

DE TOUT UN PEU.

CHANSON,

sur un mot donné à l'auteur.

AIR de la pipe de tabac.

En rimes vieilles et nouvelles,
On a célébré, tour à tour,
La gloire, le vin et les belles,
Les plaisirs, les chagrins d'amour. (*bis.*)
Moi j'aime, de peur de méprise,
Le vin, les belles et le jeu :
Un peu de tout, c'est ma devise,
Et je chante *de tout un peu.*   (*bis.*)

Comme un ange, Lucette est belle,
Comme un ange, Denise écrit ;
L'une n'a que mes yeux pour elle,
L'autre ne plaît qu'à mon esprit.
~~~~~~

Dans mon cœur, Denise et Lucette,
Vous n'allumez qu'un faible feu ;
Mais chacune serait parfaite,
Si vous aviez…. *de tout un peu.*

Suivant son goût, chacun nous prône,
A table, le verre à la main,
L'un, le Pomar, l'autre, le Beaune,
Un troisième, le vin du Rhin ;
Tandis qu'on s'échauffe à la ronde,
Moi, je tiens un juste milieu,
Et, d'accord avec tout le monde,
Je bois gaîment *de tout un peu.*

Lorsque, dans les bras de ma belle,
L'appétit me vient éveiller,
Sitôt que la table m'appelle,
J'abandonne mon oreiller ;
Lorsque j'ai vidé ma bouteille,
Je l'abandonne pour le jeu ;
Puis, l'Amour me dit à l'oreille :
Il faut prendre…. *de tout un peu !*

~~~~~~~~~~~~~~~~~~~~~~~~~~~~~~~~~~

L'AMOUR ET LE PRINTEMPS.

ROMANCE.

A I R : Deux enfans s'aimaient d'amour tendre.

Tout respire , dans la nature ,
Sitôt que renaît le printemps ;
Zéphir ranime la verdure ,
Et la verdure les amans.
Au mois de mai , Vénus et Flore
Sortent d'un pénible sommeil ;
Tout veut aimer , tout veut éclore
Aux premiers rayons du soleil.   (*bis.*)

A la constante tourterelle ,
Sitôt que renaît le printemps ,
Le tourtereau , tendre et fidèle ,
S'unit pour fêter le beau temps ;
L'Amour , à tout ce qui respire ,
Fait goûter un bonheur pareil ;
Les cœurs s'ouvrent à son empire ,
Comme la fleur s'ouvre au soleil.
~~~~~~~~~~~~~~~~~~~~~~~~~~~~~~~~~~

Aimons-nous, charmante Emilie,
Profitons de notre printemps;
Je suis sincère, et vous jolie;
Tout nous promet des feux constans.
Mon cœur, votre âge, tout vous presse
De suivre ce tendre conseil :
Sans amour, la froide jeunesse
Est comme un printemps sans soleil.

~~~~~~~~~~~~~~~~~~~~~~~~~~~~~~~~

LE BAISER.

ROMANCE.

AIR : L'art à l'amour est favorable.

AMOUR ! viens accorder ma lyre,
Vénus ! viens embraser mes sens ;
Je veux, dans mon tendre délire,
Vous consacrer tous mes accens.
    Mais, quel sujet prendre
    Pour un chant si tendre ?...
L'Amour vient me le proposer :
    C'est *le baiser.*   (*bis.*)

Ecoute-moi, jeune Délie,
Et mets à profit ma leçon :
L'Amour, à fillette jolie,
Offre sa morale en chanson.
    Si mon chant t'enflamme,
    Ton amant réclame
Un prix qu'on ne peut refuser....
    C'est *un baiser.*
~~~~~~~~~~~~~~~~~~~~~~~~~~~~~~~~

Jadis, les enfans de la gloire,
Tendres amans, preux chevaliers,
Aux belles devaient la victoire,
A l'Amour devaient leurs lauriers.
    Pour donner des charmes
    Au fracas des armes,
Quel prix fallait-il proposer?
    C'est *un baiser.*

Dans ses travaux, le fier Alcide,
Bravant les dangers et la mort,
Du monstre le plus intrépide
Triomphe, presque sans effort;
    Mais, du fier Alcide,
    La beauté timide
Va triompher et disposer
    Par *un baiser.*

L'Amour, tout puissant sur la terre,
Ne l'est pas moins, parmi les dieux;
Souvent, le maître du tonnerre
Cède au pouvoir de deux beaux yeux.
    Reines et bergères,
    De mille manières,
L'ont vu se métamorphoser,
    Pour *un baiser.*

Les lauriers sanglans de Bellone
Offrent peu d'attraits à mon cœur;
Le myrte est la seule couronne
Dont j'ornerai mon front vainqueur :
    Près de ma Délie
    J'aime trop la vie....
Mais on me verrait tout oser,
    Pour *un baiser !*

O ma bergère! ô ma Délie!
Entends l'Amour, comble mes vœux,
Charme le printemps de ma vie,
Par mille baisers pleins de feux !
    Si la mort m'appelle,
    Viens encor, ma belle,
Me ranimer et m'embraser
    Par *un baiser !*

———————

COUPLET

pour toutes les fêtes , passées , présentes
et futures.

AIR : Quand la mer rouge apparut.

Sur ton cœur, sur ton esprit,
Que pourrais-je écrire?
Depuis long-temps , on t'a dit
Tout ce qu'on peut dire,
On a fêté
Ta gaîté ,
On a chanté
Ta bonté ,
Et l'on a vanté
Ta sincérité,
Ta facilité ,
Ta capacité ,
Ta fécondité
Et ta loyauté.
Puisqu'on a
Dit tout ça ,

Il serait
Indiscret
De venir
T'étourdir.
Franchement,
Rondement,
Bêtement,
Mais gaîment,
Moi , je te souhaite
Une bonne fête.

LA BLONDE ET LA BRUNE.

CALEMBOURG ÉROTIQUE.

AIR : *Sur son sopha, dans son boudoir.*

Un soir, il faisait clair de lune,
Et je vis, en me promenant,
Une blonde qui, sur la *brune*,
S'était perdue imprudemment.

C'est un présent de la fortune !
M'écriai-je, en la surprenant,
Et la blonde doit, de la *brune*
Tout redouter, en ce moment.

Ses mains se cachaient, j'en pris une,
Elle se défendit en vain ;
Et la blonde, grâce à la *brune*,
Tomba sur le bord du chemin.

L'ombre me devint importune,
Au moment où je fus heureux,

Et je maudis, cent fois, la *brune*
Qui cachait la blonde à mes yeux.

Depuis, une flamme commune,
Chaque soir, nous unit tous deux ;
Si je soupire pour la *brune*,
C'est que la blonde a tous mes vœux.

~~~~~~~~~~~~~~~~~~~~~~~~~~~~~~~~~~~~

L'INCONSTANCE JUSTIFIEE.

CHANSON.

A I R du vaudeville d'Arlequin tout seul.

J'EN conviens, j'ai l'humeur volage ;
On me voit, dans le même jour,
A l'esprit, offrir mon hommage,
Pour la beauté, mourir d'amour ;
J'idolâtre une taille fine,
Un joli pied me fait la loi....
Oui, j'aime tout cela, Nérine,
Et pourtant, je n'aime que toi.　　　(*bis.*)

Si j'entends une voix touchante,
Je me surprends à soupirer ;
Danseuse légère m'enchante,
Et je suis prêt à l'adorer,
Bon cœur et figure mutine
M'enflamment aussi, malgré moi...
Oui, j'aime tout cela, Nérine,
Et pourtant, je n'aime que toi.　　　(*bis.*)
~~~~~~~~~~~~~~~~~~~~~~~~~~~~~~~~~~~~

Si l'on nous voit, de belle en belle,
Voler, sur l'aile du désir,
C'est qu'aucune beauté, près d'elle,
Ne sait varier le plaisir.
L'attrait du nouveau nous domine,
Et nous porte à manquer de foi ;
Mais cet attrait-là, ma Nérine,
Me ramène toujours à toi.　　　　(*bis.*)

~~~~~~~~~~~~~~~~~~~~~~~~

L'AMOUR DEVENU FIDÈLE.

COUPLETS

à une Demoiselle qui me demandait
l'explication d'un tableau représentant
l'Amour conduit par un Chien.

A I R : Quand l'Amour naquit à Cythère.

L'AMOUR, conduit par la Folie,
Cheminait d'un pas incertain ;
Il s'adresse aux Dieux, les supplie
D'avoir pitié de son destin.
Plutus se présente. — Ah ! de grâce,
Dit l'Amour, porte ailleurs tes pas ;
Tu tiendras quelquefois ma place,
Mais tu ne me conduiras pas.

Hébé s'offre d'un air timide.
Dès qu'il l'entend, l'Amour malin
Tend fortement son arc perfide,
~~~~~~~~~~~~~~~~~~~~~~~~

Et lui lance un trait assassin.
La jeune beauté se retire,
Et dit : En l'état où je suis,
Je ne saurais plus te conduire :
Te suivre est tout ce que je puis.

Je ferais mon bonheur suprême,
S'écria tendrement Cypris,
De conduire mon fils moi-même :
On sait combien je le chéris ;
Mais voulez-vous que je réponde
De guider prudemment l'Amour,
Lorsque moi-même, dans le monde,
Je m'égare cent fois par jour ?

Long-temps encore on délibère ;
Jupiter, élevant la voix,
Dit : Je crois que, dans cette affaire,
C'est à l'Amour à faire un choix.
Je ne serai donc plus volage !
S'écria l'Amour enchanté,
Et pour compagne de voyage
Il choisit la Fidélité.

Cupidon à sa conductrice
S'unit, pour ne la plus quitter ;

Avec elle, plus de malice,
Plus de faux pas à redouter.
Avec soin toujours elle évite
Chaque piège, chaque détour,
Et toujours, vers le même gîte,
Chaque soir ramène l'Amour.

ENVOI A Mlle ADÈLE G***.

Vous prenez ce trait, je parie,
Pour un de nos contes du jour.
Vous demandez quand la Folie
Cessa de conduire l'Amour :
L'enfant malin devint fidèle
Le jour que, dans le fond d'un bois,
Rencontrant la charmante Adèle,
J'aimai pour la première fois.

LA SOUVERAINETE.

CHANSON.

Ces couplets furent faits, en l'an 6, pour
la municipalité de Villeneuve—Saint-
George, département de Seine et Oise ;
les officiers municipaux étaient tous de
bons vivans, et s'étaient réunis à dîner,
pour jouir à table de leur souveraineté.

AIR : Après de pénibles combats.

Cet air est emprunté de la Mort de Turenne, pièce
jouée au théâtre de la Cité.

AUJOURD'HUI, je suis souverain,
J'use des droits de la couronne ;
Pour mon avènement, j'ordonne
Qu'on nous verse à tous de bon vin.
Allons, amis, remplissons tous nos verres !
Moi, je ne tiens à mon autorité
Que pour surpasser, en gaîté,
Tous les souverains mes confrères. (*bis.*)

C'est en buvant qu'un souverain
Rend plus légère sa couronne ;
Des soucis que mon rang me donne
Je me console avec le vin.
Allons, amis, vidons gaîment nos verres,
Nargue du rang et de l'autorité ;
Je ne veux vaincre qu'en gaîté
Tous les souverains, mes confrères.

Mais lorsque j'use de mes droits,
Vous réclamez ici les vôtres ;
Aussi rois les uns que les autres,
Vous voulez tous faire des lois.
Eh bien, voisins, remplissons tous nos verres ;
Soyons égaux en droits comme en gaîté,
Et que chacun de son côté
Abreuve les rois, ses confrères.

Exauce les vœux que je fais,
Grand Dieu ! comble mon espérance.
Qu'avec le peuple, roi de France,
Les autres rois fassent la paix,
Alors, amis, nous remplirons nos verres,
Nous chanterons la paix, la liberté,
Et nous boirons à la santé
Des rois, devenus nos confrères.

~~~~~~~~~~~~~~~~~~~~~~~~~~~~~~~~~~

LE DANGER D'AIMER.

ROMANCE.

AIR : Souvent la nuit quand je sommeille , (du Traité nul.)

VOYEZ, au lever de l'Aurore,
Jeune rose prête à s'ouvrir ;
Pour Zéphire elle allait éclore ,
Quand l'aquilon vient la flétrir.
Ainsi Cloé , de l'espérance
Goûtait la trompeuse douceur ;
L'Amour vient, et son jeune cœur
Est desséché par la souffrance.

L'éclat brillant de la jeunesse
Respire encor dans tous ses traits ;
Les regrets , la sombre tristesse
N'ont osé flétrir tant d'attraits ;
Sa belle bouche à demi-close ,
Semble encor sourire au bonheur ;
L'épine est au fond de son cœur ,
Quand , sur son front , brille la rose.
~~~~~~~~~~~~~~~~~~~~~~~~~~~~~~~~~~

Le soleil brûlant, dans la plaine,
Dessèche les plus belles fleurs ;
En vain Zéphir, par son haleine,
Cherche à ranimer leurs couleurs.
Ah ! si la fleur se décolore,
A l'ardeur de l'astre du jour,
Belles, craignez les feux d'amour :
Ils sont plus dévorans encore.

LE BERGER AMOUREUX.

ROMANCE.

AIR : *Deux enfans s'aimaient d'amour tendre.*

Au temps heureux de mon enfance,
Trop court, au gré de mes désirs,
Dans le calme de l'innocence,
Je trouvais partout des plaisirs.
Ces jeux, si chers à mon jeune âge,
Ne sauraient me plaire en ce jour,
Et ce changement est l'ouvrage
De mes vingt ans et de l'Amour.

Dans les bosquets, dans la prairie,
Folâtrant avec nos bergers,
Ou, parfois, sur l'herbe fleurie,
Suivant les papillons légers,
J'étais heureux ; mais, au bocage,
L'ennui me surprit l'autre jour,
Et ce changement fut l'ouvrage
De mes vingt ans et de l'Amour.

Près de nos bergères, sans cesse
Je me livrais à la gaîté ,
Sans être fier de leur tendresse,
Sans m'offenser de leur fierté.
Aujourd'hui , pour la plus sauvage ,
Mon cœur soupire nuit et jour,
Et ce changement est l'ouvrage
De mes vingt ans et de l'Amour.

La jeune Eglé , toujours rebelle
Au pouvoir du Dieu des amans ,
Quand je promets d'être fidèle ,
Rit de mes feux , de mes sermens.
Si d'un berger le tendre hommage
Doit la rendre sensible un jour,
Dieu ! faites que ce soit l'ouvrage
De mes vingt ans et de l'Amour.

COUPLET,

A UN AUTEUR,

qui avait sifflé, seul, une de mes pièces, qu'il n'avait pu faire tomber, et dont je me vengeai, quelques jours après, en applaudissant, seul, une des siennes, qui n'en tomba pas moins.

AIR : Un soir revenait Cadet.

HIER, j'obtins un succès,
    Ce n'est pas ta faute;
Aujourd'hui, tu tombes, mais
    Ce n'est pas ma faute.
Seul, hier, tu me sifflais,
Seul, j'applaudis tes couplets;
Tous deux, nous perdons nos frais :
    A qui donc la faute ?

COUPLET

A UN DE MES AMIS,

qui se vantait d'être aimé d'une jolie
marchande, dont il reçut, en ma présence, des coups d'aune, sur les doigts,
en cherchant à l'embrasser.

AIR du Vaudeville du procès.

MA voisine est, en vérité,
Une charmante créature;
Je l'aime, j'en suis écouté,
Et son amour est sans mesure.
Sans mesure! oh! non, cet amour
N'est pas tel que l'on nous le prône;
Car j'eus la preuve, l'autre jour,
  Qu'il se mesurait à l'aune.

LES ADIEUX.

ROMANCE,

imitée de la *partenza* de Métastase.

AIR : Il faut quitter ce que j'adore.

ADIEU Roselle, adieu ma vie !
L'effroi déjà glace mon cœur ;
Demain, tu vas m'être ravie,
Demain, je renonce au bonheur ;
Seul, avec ma douleur mortelle,
Je vais gémir, la nuit, le jour ;
Mais toi, garderas-tu, Roselle,
Le souvenir de notre amour ?   (*bis.*)

Mon âme, à ton âme enlacée,
S'enfuit des lieux où tu n'es pas ;
Permets, du moins, que ma pensée
Pour jamais s'enchaîne à tes pas :
A tes côtés, mon cœur fidèle
Palpitera, la nuit, le jour,
Mais, toi, garderas-tu, Roselle,
Le souvenir de notre amour ?

Je vais errer sur ces rivages,
Où l'Amour conduisait nos pas ;
Ma voix, à leurs rochers sauvages,
Redemandera tes appas ;
Rendez-la moi, quand revient-elle ?
Dirai-je aux échos d'alentour . . .
Mais toi, garderas-tu, Roselle,
Le souvenir de notre amour ?

Je reviendrai dans cette plaine,
Où mon amour fut écouté ;
Où, respirant ta douce haleine,
Je respirais la volupté.
C'est là que le regret m'appelle,
Pour souffrir jusqu'à ton retour.
Mais, toi, garderas-tu, Roselle,
Le souvenir de notre amour ?

Voici, dirais-je, la fontaine,
Où Roselle, cédant enfin,
Après une défense vaine,
A mes baisers livra sa main.
Là, je promis d'être fidèle,
Là, tu le promis à ton tour :
Mais, toi, garderas-tu, Roselle,
Le souvenir de notre amour ?

Auprès de ma belle maîtresse,
Viendront mille nouveaux amans;
Ils lui peindront, avec adresse,
Et leurs désirs et leurs tourmens.
O Dieux! quand le plaisir l'appelle,
L'attend dans son nouveau séjour,
O Dieux! savez-vous si Roselle
Se souviendra de notre amour?

Songe, Roselle, au trait de flamme
Que tu vas laisser dans mon cœur;
Songe que je t'ouvris mon âme,
Sans espérer d'autre bonheur;
Songe que ton amant fidèle,
En te perdant, perdrait le jour;
Songe... mais qui sait si Roselle
N'a pas oublié notre amour?

———

POT-POURRI,

pour le mariage de deux jeunes-gens, qui, avant l'âge de la conscription, épousaient deux demoiselles nommées Victoire.

AIR : Oui, chaque jour devient un jour de gloire.

A VICTOIRE YT***, l'une des mariées.

Victoire,
Lorsqu'un jeune amant
De vous plaire eut la gloire,
L'Amour sourit, et finement,
Saisissant le moment,
D'un nouveau trait il essaya,
Et, dans Cythère on publia :
Encore une victoire !
Une victoire.

AIR : *Tâchez que le petit Jokey.*

Mars convoitait deux favoris.
L'*Amour*, les guettant au passage,
A sa barbe, en fit deux maris,
Et, plus que *Mars*, l'*Amour* fut sage.
Nos guerriers, pour tout vaincre au loin,
N'ont plus besoin qu'on les seconde ;
Et l'Hymen a ma foi besoin
Qu'on l'aide à repeupler le monde.

AIR : *La comédie est un miroir.*

Maris, à compter de ce jour,
Vous échappez à la milice :
Vous voilà conscrits de l'Amour :
Songez qu'il a son exercice.
Pour ne pas perdre son appui,
Permettez qu'on vous avertisse
Qu'il faut toujours, auprès de lui,
Faire en personne son service.

AIR de la p'tite poste de Paris.

Oui, dans cette conscription,
Toujours en réquisition,

On n'obtient ni permission,
Ni congé, ni démission,
Et, l'on n'est point admis, si l'on
Parle jamais d'exemption.

A I R : A moins que dans ce monastère.

La *Bouillotte* (*) a partout sa place :
En joueur je puis donc parler.
L'Hymen se fâche quand on *passe*,
Et vous défend de *reculer*.   (*bis.*)
Avec lui vous voyez qu'on *gagne*,
Il vient déjà de vous *doubler* :
Sachez maintenant vous *tripler*,
Sans faire jamais *Charlemagne*.

AUX MARIÉES.

A I R : L'art à l'amour est favorable.

Et vous, que l'Amour a soumises,
Nous concevons votre embarras :
Quelques frayeurs sont bien permises,
Quand il s'agit d'un premier pas.

(*) Dans la maison où se faisaient les deux noces, on
jouait la Bouillotte, tous les soirs, même ce soir-là.

C'est partout l'usage :
    Le sexe, à votre âge,
Tremble, soupire, se défend,
    Et fait l'enfant.   (*bis.*)

A I R : On nous dit que dans l'mariage.

Qu'est-ce donc que ce mariage ?
Demandiez-vous jusqu'à ce jour.
Demain, vous aurez l'avantage
De le savoir, à votre tour.
    Car, pour se mettre au fait
    De ce joli secret,
Chacune de vous n'a qu'à faire,
    Tout comme a fait   (*ter.*)
    Sa mère.

~~~~~~~~~~~~~~~~~~~~~~~~~~~~~~~~~~~~

C'EST MON HISTOIRE.

CHANSON.

Air : *Comme j'aimais mon Hypolite.*

Un enfant, mince et fort petit,
Vit le jour en soixante-seize ;
Les gazettes n'en ont rien dit,
Mais sa famille en fut bien aise.
Ignorant son goût pour le vin,
On lui donna du lait à boire....
Du fait vous douteriez en vain ;
Moi, j'en suis sûr, *c'est mon histoire.*

Un vase me fut présenté,
J'ignorais comment on le nomme ;
Par sa forme je fus tenté,
Je le pris, vraiment, comme un homme.
Chaque belle que j'aperçois,
Le rend plus cher à ma mémoire.
N'allez-vous pas, tous à la fois,
Vous écrier : *C'est mon histoire.*
~~~~~~~~~~~~~~~~~~~~~~~~~~~~~~~~~~~~

Lorsque je cessai d'être enfant,
Un faible enfant devint mon maître ;
Sur ses pas, fier et triomphant,
A Cythère on me vit paraître.
Je soumis plus d'une beauté :
Qui donc me valut la victoire ?
C'est ce qu'on ne m'a point conté ;
Mais à coup sûr, *c'est mon histoire*.

De loin, j'aperçois l'Achéron,
Le temps me talonne, il m'accable,
Et l'*histoire* du vieux Piron
Me rappelle une triste *fable*.
Embrasé des feux de l'amour,
J'ai long-temps refusé d'y croire ;
Mais je crains bien de dire un jour,
Cette fable : *C'est mon histoire*.

Si l'amour fuit, que la gaîté,
Du moins, ne me soit pas ravie ;
Lorsque j'aurai long-temps chanté,
Gaîment je finirai ma vie.
Peut-être on me regrettera,
Quand je passerai l'onde noire :
Heureux, en mourant, qui pourra
Dire avec moi : *C'est mon histoire*.

LE ZEPHYR.

COUPLET.

A i r du Zéphyr. (Contredanse connue.)

ZÉPHYR!
D'un soupir,
Viens fleurir,
Embellir,
Nos gazons,
Nos vallons,
Nos coteaux,
Nos berceaux!
Sans toi,
Sous la loi
Des hivers,
L'Univers
Va gémir,
Va languir,
Va périr.

L'herbette

Te guette,
L'abeille
S'éveille,
La rose
Dispose
Son sein
Au larcin;
Aux
Flots
Des ruisseaux
Rends leurs bonds
Vagabonds;
Rends aux fleurs
Leurs
Couleurs,
Aux amours,
Les beaux jours.

Zéphyr!
D'un soupir
Viens fleurir,
Embellir,
Nos gazons,
Nos vallons,
Nos coteaux,
Nos berceaux.

Sans toi,
Sous la loi
Des hivers,
L'Univers
Va gémir,
Va languir,
Va périr!

Viens ! et l'Aurore
Va rendre, à Flore,
Tous ses
Attraits,
Aux forêts,
Leurs secrets !
Le chant,
Si touchant,
De l'oiseau
Sous l'ormeau,
Va chasser,
Disperser,
Les hibous,
Les coucous.

Zéphir !
D'un soupir
Viens fleurir,

Embellir,
Nos gazons,
Nos vallons,
Nos coteaux,
Nos berceaux !
Sans toi,
Sous la loi
Des hivers,
L'Univers
Va gémir,
Va languir,
Va périr !

~~~~~~

ROMANCE

SUR LA MORT

DE DEUX TOURTERELLES.

AIR : Deux enfans s'aimaient d'amour tendre.

J'AVAIS nourri deux tourterelles,
J'étais heureux de leur bonheur ;
Ce tableau de deux cœurs fidèles
Enchantait mon sensible cœur.
Songeant à mon Eléonore,
J'espérais être quelque jour,
Par cette beauté, que j'adore,
Payé d'un semblable retour.

Mon tourtereau, de sa maîtresse,
Qui ne savait rien refuser,
Obtenait, pour chaque caresse,
Le doux échange d'un baiser.
~~~~~~

Dans ces caresses, l'espérance
A mon cœur montrait le plaisir;
Ce baiser, prix de la constance,
J'espérais, un jour, l'obtenir.

C'est auprès de toi, ma bergère,
Que j'avais appris l'art d'aimer;
C'est auprès d'eux, qu'à l'art de plaire,
En secret, j'allais me former.
Puisé dans cette source pure,
Cet art n'est point un art trompeur;
En le formant sur la nature,
On ne peut corrompre son cœur.

Il n'est point de chaîne éternelle,
D'éternelle félicité!
J'ai perdu ce double modèle
D'amour et de fidélité.
Leur ombre semble encor me suivre,
Et roucouler, avec amour :
« L'un pour l'autre, quand on sut vivre,
» Ensemble on doit perdre le jour ! »

ENVOI.

Mon cœur, instruit à cette école,
Ne veut se donner qu'une fois;

Pour ne point faire un vœu frivole,
Je me suis rangé sous tes lois.
Ah ! ne crains pas que d'autres belles
M'inspirent jamais de l'amour ;
Je pourrais, même aux tourterelles,
Donner des leçons à mon tour.

~~~~~~

LE BOUQUET.

CHANSON,

imitée d'une idylle de Prior. (The Garland.)

AIR à faire.

U N matin , je ravis à Flore ,
Tous ses trésors les plus chéris.
La jeune rose , que l'Aurore ,
Par ses baisers , a fait éclore ,
Entre deux boutons favoris ,
Le beau lis , l'humble violette ,
Qui se trahit par son odeur. . . .
Zéphyr , excuse le voleur !
Ces présens étaient pour Colette.

J'arrive à l'instant où ma belle
Dérobait ses yeux au sommeil ;
Des plaisirs la troupe fidèle ,
Par de tendres jeux , autour d'elle ,
~~~~~~

Célébrait son heureux réveil.
Le lis, dans ses cheveux d'ébène,
De son teint n'a pas la blancheur;
La rose paraît sans odeur,
Comparée à sa douce haleine.

Dans les tresses de mon amie,
Mon bouquet resta tout le jour:
Combien elle parut jolie!
Combien mon bonheur fit envie
A tous les bergers d'alentour!
En la voyant, chacun répète:
Ces fleurs, à l'ombre de nos bois,
Seraient moins brillantes, cent fois,
Que sur le beau front de Colette.

Mon bouquet, si frais à l'aurore,
Vers le soir se flétrit soudain,
Et la fleur qui se décolore,
A Colette paraît encore
Vouloir caresser son beau sein.
Je vois sur la rose flétrie
Se fixer son œil enchanteur.
Si l'on ranimait une fleur,
Ce regard lui rendrait la vie.

Interprètes de ses alarmes,
Soudain ses beaux yeux attendris
Se couvrent de timides larmes,
Nouveaux attraits, nouvelles armes,
Pour l'enfant ailé de Cypris.
Comme une larme, ainsi versée,
Parut éloquente à mes yeux !
Le langage sacré des Dieux
N'eût pas mieux rendu sa pensée.

De cette naïve bergère
Je feins d'ignorer les secrets :
Pourquoi donc, lui dis-je, ma chère,
Pour une cause aussi légère,
Pourquoi des pleurs et des regrets ?
La perte de ces fleurs nouvelles
Doit-elle exciter ton chagrin ?
Sur ta joue et sur ton beau sein,
La nature en mit de plus belles.

Devine pourquoi je soupire ?
Dit-elle, en essuyant ses pleurs,
Quand tout concourt à nous séduire,
La Vérité, pour nous instruire,
Semble se cacher sous les fleurs.
Le lis, la rose, la verdure

Ne vivent que quelques instans ;
Tout périt sous la faulx du Temps :
Telle est la loi de la nature.

Lorsqu'un berger cherche à nous plaire,
Il nous compare, dans ses chants,
A la fleur tendre et passagère
Qui croît sur un lit de fougère,
Et fait la gloire de nos champs.
Les fleurs, les bergères jolies,
Ont, en effet, même destin ;
Elles triomphent un matin,
Et, le soir, on les voit flétries.

Hier, j'ai vu la jeune Ismène,
Dont on vantait les vains attraits,
De mille amans causer la peine ;
Mais, insensible autant que vaine,
D'Amour elle bravait les traits.
Cette jeune fleur, destinée
A s'ouvrir enfin à l'amour,
Hélas ! avant la fin du jour,
La faulx du Temps l'a moissonnée.

Ainsi qu'Ismène, ta maîtresse
Doit subir la loi du destin ;

Le Temps s'envole avec vitesse.
Cette main que ta bouche presse,
La mort peut la glacer demain....
Prends, Amyntas, prends ta musette,
Module des sons amoureux !
Et puissent tes accords heureux
Essuyer les pleurs de Colette !

~~~~~~

LES POCHES.

AIR : *On compterait les diamans.*

JE ne sais pourquoi les mamans
Des poches réclament l'usage.
Fillettes, croyez vos amans,
Votre goût est beaucoup plus sage ;
A vos mamans n'enviez pas
Ces longues et lourdes saccoches,
Et nous trouverons des appas
Où nos aïeux trouvaient des *poches.*

Contre vos poches les filoux
Se liguaient tous avec audace ;
Mais, pour l'amour, il est plus doux
De n'en rencontrer que la place.
Ce Dieu, qui fait tous ses efforts
Pour être à l'abri des reproches,
Même en dérobant vos trésors,
N'a jamais rien pris dans vos *poches.*

De la mode, moi, je suis fou,
Chez nos jeunes-gens on l'accueille ;
~~~~~~

Aussi, met-on, je ne sais où,
Et ses mains et son portefeuille.
Mais de l'escroc le plus fûté
Si nous bravons ainsi l'approche,
En dépit de nous, la beauté,
Tous les jours, nous vend chat en *poche*.

Du Perron, malgré sa hauteur,
N'a pas toujours suivi les modes ;
Des *poches*, ce fier détracteur,
Les trouvait jadis fort commodes.
Avec lui, combien de Crésus,
Chez nous, sont venus par le coche,
Et, vers le temple de Plutus,
Ont voyagé de poche en *poche !*

Nos escamoteurs sont bien fins ;
Mais, comme ils craignent peu la glose !
Dans leurs *poches* et dans leurs mains,
Ils laissent tous voir quelque chose,
Tandis que les pauvres auteurs
Prennent, sans avoir les mains croches,
Ce refrein des escamoteurs :
Rien dans les mains, rien dans les *poches*.

~~~~~~

LE DERNIER MOMENT.

ROMANCE.

A I R de la romance de Daphné.

On dit aux belles, sans cesse,
« L'Amour est un dieu charmant ;
» Livrez-vous à la tendresse ,
» Le temps fuit , et la jeunesse
» Touche à son *dernier moment.*»

Lorsque fillette commence
A rougir modestement ,
Lorsqu'elle rêve , en silence ,
De la froide indifférence ,
Voilà le *dernier moment.*

Bientôt , avec complaisance ,
Elle accueille un jeune amant.
La pauvrette est sans défense :
De son heureuse innocence
Voilà le *dernier moment.*
~~~~~~

L'Amour met toute sa gloire
A nous tromper constamment;
Il jure, on aime à le croire,
Mais sa première victoire:
Voilà son *dernier moment.*

Faut-il donc fuir la tendresse?
Non, fillettes, non, vraiment!
Mais il faut, à son ivresse,
Se livrer avec adresse,
Et fuir.... le *dernier moment.*

ENVOI.

Rosette, un pareil système
N'est pas fait pour ton amant:
Depuis l'enfance, je t'aime,
Et je veux t'aimer de même
Jusqu'à mon *dernier moment.*

~~~~~~

COUPLETS

A LEGOUVÉ,

SUR SON POÈME DES SÉPULTURES.

L'idée de ces couplets me vint, en lisant un passage du poème, dans lequel *Legouvé* dit que les Suisses plantent des fleurs sur la tombe de ceux qu'ils ont aimés, et croient respirer leur âme dans le parfum des roses et des violettes ; l'auteur propose aux Français de suivre ce touchant exemple.

AIR : *Comment goûter quelque repos.*

REÇOIS les hommages nouveaux
Que nous devons à ton génie ;
De fleurs tu sèmes notre vie,
Tu veux en couvrir nos tombeaux !
Ainsi je renaîtrai, sans cesse,
Quoique dans la tombe endormi,
Immortelle pour mon ami,
Rose et *lilas* pour ma maîtresse,
~~~~~~

Tu te plais à tout embellir !
Je vois des fleurs dans tes ouvrages.
Dans nos forêts, sur nos rivages,
Nos enfans en pourront cueillir.
Chez nous, ton nom, fils de la gloire,
Du Temps peut braver les fureurs ;
Tes vers, nos regrets et les fleurs,
Tout fera chérir ta mémoire.

Nos enfans, moins heureux que nous,
Seront privés de ta présence ;
Mais il leur reste une espérance
Dont, parfois, mon cœur est jaloux :
Courbés sur ton urne chérie,
Lorsqu'ils te donneront des pleurs,
Nos heureux enfans, dans les fleurs,
Pourront respirer ton génie.

Racine, au fond de son cercueil,
S'éveillant au son de ta lyre ;
Racine, que l'Europe admire,
A lu tes vers avec orgueil ;
Il craignait de trouver un maître,
Tu viens enfin de l'éclairer :
Il t'accuse de respirer
Les fleurs que sa cendre a fait naître.

LE SOLEIL ET LA LUNE.

CHANSON.

AIR : *Comme j'aime mon Hypolite*

Du Parnasse, il faut m'élancer,
Je suis las d'aller terre à terre ;
Bien loin de moi je veux laisser
Corneille, Racine et Voltaire.
Oui, dans mon vol audacieux,
Je sors de là foule commune,
Et je vais, jusque dans les cieux,
Chanter le *Soleil et la Lune.*

Avant d'allumer des tisons,
Avant de loger dans des villes,
Contre la rigueur des saisons,
L'homme n'avait-il point d'asiles ?
Du chien, du loup, prenant conseil,
Comme il partageait leur fortune,
L'homme se chauffait au *Soleil,*
Se rafraîchissait à la *Lune.*

Le buveur, dès que le jour luit,
Voit le Soleil dorer sa vigne ;
Le rimeur, dès que vient la nuit,
Polit ses vers et les aligne :
Si le raisin devient vermeil,
Et si les rimes font fortune,
On doit les bons vins au *Soleil*,
On doit les bons vers à la *Lune*.

Vous admirez, faibles humains,
Vos beaux — arts et vos grands ouvrages ;
Mais les chefs-d'œuvres de vos mains
Du temps bravent-ils les outrages ?
Je me ris d'un orgueil pareil ;
J'ai cent raisons.... je n'en dis qu'une :
Vous n'avez pas fait le *Soleil !*
Et vous n'avez pas fait la *Lune !*

On se fatigue, en parcourant
Les trésors de l'architecture,
On se fatigue, en admirant
Les prodiges de la peinture ;
Mais, loin de redouter l'ennui,
Moi, je bénirai ma fortune,
Si, dans cent ans, comme aujourd'hui,
Je vois le *Soleil et la Lune*.

LE VERRE ET LA RAISON.

CHANSON.

Mot donné pour un dîner.

AIR : Aussitôt que la lumière.

Des mots que le sort m'adresse
J'étais un peu tourmenté ;
L'un est fils de la Sagesse ,
L'autre enfante la Gaîté.
La Sagesse , au ton sévère ,
Ici n'est pas de saison ;
Pour chanter j'ai pris le *verre* ,
Et j'ai perdu la *raison.*

Pierre a la tête bretonne ,
Et veut n'avoir jamais tort ;
Avec lui si l'on raisonne ,
Pierre crie encor plus fort.
Il gronde sa ménagère ,
Fait le diable à la maison ;

Mais, en lui montrant un *verre*,
On le met à la *raison*.

Lucas est un honnête homme;
Mais ce triste homme de bien,
La nuit, ne fait qu'un long somme,
Et tout le jour ne fait rien.
Sur lui Bacchus seul opère;
Aussi, quand je vois Suzon
Qui lui présente le *verre*,
J'en dirais bien la *raison*.

Piqué, peut-être sans cause,
De la pointe d'un couplet,
A son rival on propose
Le sabre ou le pistolet.
Ah! du mal que peut nous faire
Le refrein d'une chanson,
Amis, c'est à coups de *verre*
Qu'il faut demander *raison*.

Mille auteurs, dans mille ouvrages,
Ont, suivant leurs intérêts,
Discuté les avantages
De la guerre et de la paix.
Je sais fort bien que la guerre

Engraisse plus d'un oison,
Mais la paix remplit mon *verre :*
Morbleu ! la paix a *raison !*

Sans y penser, je me trouve
Forcé d'avouer mon tort,
Avec le *verre*, tout prouve
Que la *raison* est d'accord.
Amis, cet instant m'éclaire,
Versez-moi, versez du bon !
Oui ! c'est quand il tient le *verre*
Qu'un rimeur parle *raison.*

~~~~~~~~~~~~~~~~~~~~~~~~~~~~~~~~

LA BOUILLOTTE.

CHANSON.

AIR : Daignez m'épargner le reste.

POURQUOI dit-on que les beaux-arts
N'ont plus d'asile dans la France ?
Pourquoi dit-on que nos regards
N'y rencontrent que l'ignorance ?
C'est porter la chose à l'excès,
Le censeur plaisante ou radotte.
J'ai vu la France de fort près ;
J'ai la preuve que les Français
Savent tous. . . . jouer la *bouillotte*. (*bis.*)

Au loin j'ai voyagé long-temps ;
Je reviens, je cours chez Hortense :
Comme elle a dû, depuis vingt ans,
Pleurer l'ami de son enfance !
Comme elle va me recevoir !
J'entre. . . . Ah ! vraiment, me dit la sotte,
Vous venez à propos, ce soir ;
~~~~~~~~~~~~~~~~~~~~~~~~~~~~~~~~

Allez bien vîte vous asseoir,
Vous ferez un tour de *bouillotte.*   (*bis.*)

Je sors, piqué d'un tel accueil,
Et m'éloignant de la coquette,
Je cours chez mon cousin Germeuil.
Germeuil achevait sa toilette.
Mon cher, je suis au désespoir,
Dit-il, prenant sa redingotte ;
Un autre jour, viens donc me voir…
— Quelle affaire ? Comment ? — Ce soir,
Mon cher, je suis d'une *bouillotte.* (*bis.*)

L'aimable Rose, encore enfant,
Me fut promise en mariage ;
Chez elle je cours triomphant :
Rose va me charmer, je gage.
Grâce aux leçons, aux bons avis
D'une mère instruite et dévote,
Rose aura des talens choisis !
J'entre : que vois-je, mes amis.
Rose et sa mère….. à la *bouillotte.* (*bis.*)

Un Normand m'a fait un procès,
Et les lois sont mon seul refuge.
Je cours préparer mon succès

Chez mon procureur, chez mon juge.
Hélas ! en vain, pauvre plaideur,
Dans l'antichambre je grelotte !
N'est-ce pas jouer de malheur :
Et mon juge et mon procureur
Ensemble jouaient la *bouillotte !*   (*bis:*)

La *bouillotte* est le goût du jour,
A la vie elle est nécessaire ;
C'est là qu'un fat parle d'amour,
Qu'un courtier termine une affaire ;
L'un y parle d'un grand combat,
L'autre, du départ d'une flotte,
Ou bien des *bons* du Syndicat.
Enfin, chacun fait son état
Tout en jouant à la *bouillotte.*   (*bis.*)

Savez-vous pour quelle raison
Ce jeu-là devient à la mode ?
C'est qu'il est, dans chaque maison,
A la fois utile et commode.
L'heureux chandelier s'enrichit
Aux dépens du sot qui s'y frotte ;
Mais ne parlons pas de profit :
Pour se divertir sans esprit,
Ma foi rien ne vaut la *bouillotte.*   (*bis.*)

~~~~~~~~~~~~~~~~~~~~~~~~~~~~~~~~

ENCORE LA BOUILLOTTE.

CHANSON,

composée de tous les termes dont se
servent les joueurs.

AIR de la pipe de tabac.

DE Damis écoutez l'histoire,
Tâchez de la mettre à profit,
Et conservez-en la mémoire
Pour ne point faire ce qu'il fit.
Vous allez voir que dans la vie,
On doit se modérer un peu ,
Et pour prolonger *la partie* ,
Ne pas *ouvrir* trop tôt *le jeu.*

Voici le fait : Le jeu *commence,*
Damis se presse de *parler.*
On l'observait, on le *relance* ,
Il est trop fier pour *reculer ;*
~~~~~~~~~~~~~~~~~~~~~~~~~~~~~~~~

Il rit , il fait des épigrammes.
Il a *beau jeu* , se croit *sauvé* ;
Mais il a contre lui *trois dames* :
Le voilà presque *décavé*.

Cachant son jeu , Chloé s'engage ;
Damis la tient , se croit vainqueur.
Un contre un j'aurai l'avantage,
Dit-il , et c'est à moi le cœur.
Chloé le gagne , et lui replique :
Votre jeu ne vaut pas le mien,
Monsieur ; qui s'y frotte s'y pique :
Contre moi le cœur ne peut rien.

Le jeu lui manque , il perd , il passe ;
Chacun se plaît à le braver.
Il est près de quitter sa place,
A peine il peut se relever.
Enfin , dans ce moment funeste,
Voyant bien qu'il faut en finir,
Il offre à chaque instant son reste,
Mais on ne veut pas le tenir.

La *veine* vient , il joue, il gagne ;
Il veut augmenter *ses enjeux*.
Il se double , et fait *Charlemagne* :

C'est ce qu'on peut faire de mieux ;
Mais, voyez la faiblesse humaine,
Au jeu, bientôt, il reprend goût.
Hélas ! il n'était plus *en veine*,
Il vient de perdre son *va tout.*

Le sort qui toujours nous ballotte,
Et qui varie à tout moment,
Entre la vie et la *bouillotte*
Offre plus d'un rapprochement.
Vous croyez que, d'une partie,
Damis se plaint ?... Vous avez tort :
Je vous ai raconté sa vie,
Et je vous préviens qu'il est mort.

~~~~~~

L'HIVER, OU DAPHNIS.

Imitation d'une Idylle de Gessner.

L'HIVER a quelquefois de belles matinées :
Un rayon de soleil , qui s'échappe des cieux ,
A , dans ces tristes jours , plus d'attraits , à nos yeux,
Que le brillant éclat des plus belles journées.
  Janvier , qui , sous la neige , engloutit nos vallons ,
Et dont l'aspect glacé chasse le doux zéphyre ,
Au milieu des frimats et des noirs aquilons ,
Se déride parfois , et daigne nous sourire.
Puis , qu'importe l'hiver à l'amoureux Daphnis?
Près d'un bois pétillant , dans sa chaumière assis ,
A garder ses foyers quand le froid le condamne ,
Quand une neige épaisse engloutit sa cabane ,
Pour abréger l'ennui de ces pénibles jours ,
Penché sur ses tisons , il rêve à ses amours ;
Ou , lorsque , dépassant la cîme des montagnes ,
Un rayon bienfaisant éclaircit les brouillards ,
Par sa fenêtre antique , il porte ses regards
Sur les bois dépouillés , sur les vastes campagnes:
Il n'y voit plus , au loin , courir de toutes parts ,
~~~~~~

Et les jeunes pasteurs et leurs tendres compagnes ;
Il n'y voit plus errer mille troupeaux épars.
Mais... malgré ses rigueurs, que l'hiver a de charmes !
A ses plaisirs passés s'il donne quelques larmes,
C'est un bonheur pour lui d'en prévoir le retour :
Et puis, sur le sommet des coteaux d'alentour,
Que la neige a d'éclat ! qu'elle plaît à sa vue !
Sur ce brillant tapis, une souche étendue,
Un arbuste, un rocher, variant le tableau,
Offrent, à chaque instant, un spectacle nouveau :
Là, c'est du vieux Damon la cabane grisâtre,
Qui, de son toit neigeux, relève encor l'albâtre ;
Ici, des buissons nus, dont la sombre couleur
Fait du vallon voisin ressortir la blancheur.
Plus loin, le jeune épi pointille sous la neige,
Qui, dans un long hiver, le nourrit, le protège ;
On les voit, mariant leurs couleurs, dans nos champs,
Le disputer d'attraits et d'éclat au printemps.
Ailleurs, sur le rosier, ne paraît point encore
La fleur, présent heureux de Zéphyre et de Flore ;
Mais déjà son bouton se dispose à s'ouvrir,
Et pour Daphnis charmé l'espoir vaut le plaisir.
Qu'il lui plaît, ce bouton qui déjà se colore
Et se pare, en naissant, des perles de l'Aurore !
Devançant la saison, il voit l'instant heureux
Où Philis cueillera ce doux présent des Dieux.

Les oiseaux, il est vrai, fuyant avec l'ombrage,
Ne font plus, de leurs chants, retentir le bocage ;
Quelquefois, seulement, du fond de la forêt
On voit le pesant bœuf s'avancer à regret,
Traînant, d'un pas tardif, la souche d'un vieux chêne
Que, jusqu'à la chaumière, il amène avec peine,
Où, sur la branche morte, on voit, de temps en temps,
Un faible oiseau poussant de lugubres accens ;
Il semble rester seul, pour gémir, sur la terre.
Daphnis te reconnaît, mésange solitaire ;
Il t'aperçoit aussi, timide roitelet,
Voltigeant, sautillant de bruyère en bruyère,
Et toi, moineau hardi, qui, bravant le filet,
Viens lui voler son grain jusque dans sa chaumière.
Son œil s'arrête enfin sur le prochain hameau :
Il voit, d'un toit rustique, ondoyer la fumée ;
Il ne peut plus fixer que ce coin du tableau.
Là, dit l'heureux Daphnis, reste ma bien-aimée !
Là, reste ma Philis !.... Peut-être, en cet instant,
Ma Philis songe à moi ! Près du foyer, je gage,
Soutenant, d'une main, son aimable visage,
Elle attend, comme moi, le retour du printemps.
Que j'aime ma Philis ! que ma Philis est belle !
Cependant sa beauté dans toute sa fraîcheur,
N'a pas seule porté le trouble de mon cœur ;
Je la connus sensible, et je brûlai pour elle.

Le soleil, ma Philis, marchait vers son coucher,
Le pasteur Alexis, du haut de ce rocher,
Vit deux de ses brebis s'égarer dans la plaine ;
Il pleurait, dans ton sein il osa s'épancher :
J'ai perdu deux brebis ! l'une était déjà pleine,
Te dit-il ; de mon père, au déclin de ses jours,
C'était le seul trésor et l'unique secours !
Comment rentrer chez nous ? Ce n'est pas sa colère
Que je crains.... mais, hélas ! qui nourrira mon père ?

    A ce récit, Philis, tu répandis des pleurs ;
Tu pris, dans ton troupeau, deux brebis... les plus belles,
Un lait pur remplissait leurs pesantes mamelles ;
Puis tu dis au berger : Oubliez vos malheurs ;
Prenez ces deux brebis ; l'une des deux est pleine.
Votre père vivra, n'en soyez plus en peine.
Je vis des pleurs de joie échapper de ses yeux.
En bénissant Philis, il quitta cette plaine,
Et tu pleurais aussi d'avoir fait un heureux.

    Avec quelle lenteur tu fournis ta carrière,
Hiver ! cruel hiver ! Mais, malgré tes rigueurs,
Mes pipeaux, de l'Amour, chanteront les douceurs,
Et ne languiront point, oisifs, dans la poussière.
Tu détruis ces berceaux où, contre les chaleurs,
Philis et son berger rencontraient un asile ;
Tu dépouilles nos bois, tu dessèches nos fleurs :
Mais où règne l'Amour, la campagne est fertile.

Je puis   pour ma Philis , faire encore un bouquet :
Du lierre tortueux marions la verdure
A sa grappe azurée.... Innocente parure ,
Que vous aurez de prix dans son joli corset !
Joignons à mon présent la mésange plaintive
Que je pris , l'autre jour , au milieu des buissons ;
Heureuse ! avec Philis le sort veut qu'elle vive :
Puisse-t-elle , à Philis , rappeler mes chansons !
Tu vas voir ma Philis , mésange fortunée ;
Tu vas la voir toujours , toujours la caresser ;
Philis , contre son cœur , daignera te presser ;
Tu seras , sur son sein , souvent abandonnée !
Et le triste Daphnis , loin d'elle , loin de toi ,
Ne peut que désirer et chanter sa maîtresse :
Puisse-t-elle , du moins , pour prix de ma tendresse ,
Songer , avec plaisir , que tu lui viens de moi !

~~~~~~

LA ROSE.

Fragment traduit d'Anacréon.

Je chante le printemps : père de la verdure,
Il rend, avec les fleurs, la vie à la nature.
Je chante aussi la *Rose* : elle est reine des fleurs ;
Elle enivre les dieux de ses douces odeurs,
Elle orne les jardins, elle pare les grâces ;
Des baisers de Vénus elle marque les traces,
Des enfans d'Apollon, éveillant les esprits,
Elle inspire, colore, embellit leurs écrits ;
Au plaisir, à l'amour son parfum nous dispose,
Et du Pinde orgueilleux l'ornement est la *Rose*.

   Tout ce que nous aimons brille de ses attraits,
D'une nymphe timide elle anime les traits ;
On croit voir une *Rose* en admirant l'aurore.
Vénus s'offre à nos yeux. . . . c'est une *Rose* encore.
Par cette illusion, Amour, tu m'as surpris,
Je crus voir une *Rose*, et j'adorai Chloris !

   Le temps, qui détruit tout, ne détruit point la *Rose* :
Cette reine des fleurs, qui brille, à peine éclose,
~~~~~~

Quand l'aquilon jaloux lui ravit sa fraîcheur,
Règne encor sur nos sens par sa divine odeur.
Les sucs délicieux de la *Rose* flétrie,
Ont souvent le pouvoir de nous rendre à la vie,
Et les morts que la tombe est prête à nous ravir,
Des *Roses* parfumés vivront dans l'avenir.
Qui nous fit ce présent?... Lorsque du sein de l'onde,
La mère des amours vint soumettre le monde,
Une écume pourprée effleurait ses appas,
On vit la *Rose* naître et fleurir sous ses pas.
　　La Terre, avec orgueil, caresse et fait éclore
Ce trésor embaumé de l'empire de Flore.
Les immortels charmés, au retour du printemps,
Répandent leur nectar dans nos bois, dans nos champs;
La tige du rosier, par eux fertilisée,
Leur prodigue ses fleurs, pour prix de leur rosée.
Si des Dieux, quelquefois, partageant les faveurs,
L'arbre cher à Bacchus fleurit pour les buveurs,
De la rose, en trinquant, je chante la louange :
C'est à la rose encor que je dois la vendange.

NOTE

sur la traduction qui précède.

Le temps qui détruit tout , ne détruit point la rose.

Et

C'est à la rose encor que je dois la vendange.

Ces pensées paraîtront peut-être un peu forcées, mais elles sont d'Anacréon. L'ode dont j'ai emprunté ce fragment , m'a paru présenter, sur la rose , des choses plus gracieuses et plus neuves, malgré leur ancienneté , que mille couplets qu'on fait tous les jours sur cette charmante fleur : voilà ce qui m'a engagé à en essayer la traduction.

LA MAGIE DE L'AMOUR.

IDYLLE.

Bosquets délicieux où ma paisible enfance,
    Du soleil évitant les feux,
    Se livrait à de simples jeux,
Qu'inventait la gaîté, qu'approuvait l'innocence,
Combien vous paraissez différens à mes yeux !
Je m'en souviens encor, sous ce feuillage sombre,
Je cherchais, à quinze ans, du silence, de l'ombre ;
Je les trouvais, j'étais au comble de mes vœux !
A vos rians attraits combien le temps ajoute !
Que dis-je, est-ce le temps ? est-ce Flore ou l'Amour !
Par quel charme embelli m'offrez-vous, en ce jour,
Des attraits que mon cœur et désire et redoute ?
Rien n'a changé, pourtant, je le vois… et j'en doute ;
C'est Philomèle encor qui chante en ce séjour :
Avec plus d'intérêt, d'où vient que je l'écoute ?
Ses accens ne frappaient que l'écho d'alentour ;
Aujourd'hui de mon cœur ils ont trouvé la route.
Ruisseau, qui, dans l'ardeur des plus beaux jours d'été,

Répandais, dans mes sens, ta fraîcheur salutaire,
Ton eau ranime encor la mourante fougère ;
Le timide arbrisseau, par ton onde humecté,
Prend sur tes bords fleuris une force nouvelle ;
La rose, auprès de toi, se maintient toujours belle ;
Le saule, avec plaisir, se penche vers ton lit ;
      Où tu passes, tout s'embellit !
Mais quand je veux calmer le feu qui me dévore,
Dis-moi pourquoi tes eaux, où tout se rafraîchit,
Dis-moi pourquoi tes eaux m'embrasent plus encore !
      Et vous ! parlez, petits oiseaux !
Vous que je poursuivais jadis dans ce bocage,
      D'où vient que, brisant mes réseaux,
Je respecte vos jeux, votre tendre ramage ! . . .
Et ce nid protecteur de jeunes tourtereaux
Qu'a préparé l'Amour, que défend la nature,
Je l'aurais arraché du tronc de ces ormeaux
Où, du temps destructeur, il ne craint point l'injure.
      Combien j'aurais causé de maux
A ce père amoureux, à cette tendre mère,
En ravissant leur nid, leur famille si chère,
Ce fruit de leurs amours, ce prix de leurs travaux ?
D'où vient que, respectant leurs tranquilles berceaux,
Par plaisir, par besoin, sans leçon, sans étude,
Au lieu de tourmenter ces faibles animaux,
Leurs amours, leurs plaisirs, leurs soins toujours nouve

Tout enchante mon cœur dans cette solitude ?
Tout a changé pour moi.... Je m'interroge en vain ;
Je ne me connais plus, je ne suis plus le même :
Qui donc a pu causer ce changement soudain ?...
Un moment l'a produit ; j'ai vu Constance...et j'aime !

~~~~~~~~~~~~~~~~~~~~~~~~~~~~~~~~~~~

INSCRIPTION,

mise, en l'an 2, sur ma porte.

A I R : En quatre mots.

PAR arrêté
De notre comité,
Sur l'*indivisibilité*,
J'ai placé l'*unité*.
Cette formule civique
Fait tort à la *République;*
Car, en vérité,
J'ai beau chérir la sainte *égalité*,
Vanter la *liberté*
Et la *fraternité*,
Quand *la mort* se trouve à côté,
J'en suis bien dégoûté.

————
~~~~~~~~~~~~~~~~~~~~~~~~~~~~~~~~~~~

~~~~~~~~~~~~~~~~~~~~~~~~~~~~~~~~~~

A DEUX DE JEU.

CHANSON.

AIR : Au coin du feu.

QUAND Piron, en goguettes,
Rimait ses chansonnettes,
   Quel ton ! quel feu !
Avec un pareil maître,
Heureux qui pourrait être
   A deux de jeu !   (ter.)

A Piron, chers confrères,
Je ne ressemble guères,
   J'en fais l'aveu :
J'aurai, du moins, la gloire
D'être avec lui, pour boire,
   A deux de jeu.   (ter.)

Qu'Apollon, au Parnasse,
Donne à chacun sa place.
   Ici, morbleu !
~~~~~~~~~~~~~~~~~~~~~~~~~~~~~~~~~~

Quand Bacchus nous rassemble,
C'est pour nous mettre ensemble
 A deux de jeu.   (*ter.*)

On connaît, sur la terre,
On adore, à Cythère,
 Un autre Dieu,
Qui, souvent, sur l'herbette,
A mis sceptre et houlette
 A deux de jeu.   (*ter.*)

Blaise pressait Annette;
La timide fillette
 Résiste.... un peu.
Bientôt elle s'appaise,
Puis elle est, avec Blaise,
 A deux de jeu.   (*ter.*)

Dieux ! quelle est mon ivresse !
Rose, de sa tendresse,
 M'a fait l'aveu !...
Damis vient, il me prouve
Qu'avec lui je me trouve
 A deux de jeu.   (*ter.*)

Il est donc vrai qu'en France,

Le sexe, à la constance,
    A dit : Adieu !
Ainsi trompons les belles,
Pour nous mettre, avec elles,
    A deux de jeu.   (*ter.*)

Passons gaîment la vie ;
Car le temps, je parie,
    Mettra, dans peu,
Le joyeux Démocrite
Et le triste Héraclite
    A deux de jeu.   (*ter.*)

Que le vin, la tendresse,
Enivrent ma jeunesse,
    Voilà mon vœu !
Et puisse la vieillesse,
Chez moi, les voir sans cesse
    A deux de jeu !   (*ter.*)

Un jour, chers camarades,
Si tous les couplets fades
    Sont mis au feu,
Je serai, je l'espère,
Avec plus d'un confrère,
    A deux de jeu.   (*ter.*)

DEMANDE DE PLACE,

OU

LA PRÉDICTION ACCOMPLIE.

AIR : On compterait les diamans.

DAIGNEZ, citoyens Directeurs,
Agréer mon humble requête;
Du plus modeste des auteurs,
Pour vos bureaux faite l'emplette.
Vous ne perdrez point, sans retour,
Cet acte de bonté *chrétienne*;
Car nous pouvons avoir, un jour,
Moi, votre place, et vous, la mienne.

LA MODE.

CHANSON.

AIR : *Mon père était pot.*

MANON, quittant, de son pays,
Le costume commode,
Un beau matin, vient à Paris,
Pour se mettre à la mode.
Un marchand, bientôt,
Trouve ce qu'il faut
A la belle ingénue ;
Voilà bien Manon
Sur le plus grand ton,
Car elle est toute nue.

Il lui met juppe d'un linon
Léger, clair et commode.
« Et la chemise ! dit Manon.
— Bon ! ce n'est plus la mode ;
On ne pourrait pas

12.

Voir tous vos appas,
Comme on voit ceux des belles :
Nous avons du goût,
Laissez faire tout,
Et vous serez comme elles. »

Les bretelles sont du bon ton,
C'est l'Amour qui les forge,
Moins pour attacher le jupon
Que pour grossir la TAILLE.
Rien ne vaut cela,
Nous en vendons à
Toutes les demoiselles :
L'Amour est enfant ;
Même en triomphant,
Il aime les *bretelles*.

Il faut une robe surtout,
Longue au moins d'une lieue :
Chez nous le beau sexe a du goût
Pour une longue queue.
Pour la mieux ôter,
Il faut la porter
Très-légèrement jointe,
Et l'esprit du jour

Exige, à son tour,
Qu'on porte robe en pointe.

Mise ainsi, la pauvre Manon
Revint dans son village :
« Tiens ! disait-on,
Dans le canton,
Viens voir une sauvage !
— Qui, sauvage ! moi !
Je n'en ai, ma foi,
Le ton ni la méthode.
Je ris
De vos cris ;
Car c'est à Paris
Qu'on m'a mise à la mode ! »

LES LARMES.

Air : *Cet or que vous daignez m'offrir.*

De la gaîté toujours épris,
Au chagrin nous faisons la guerre ;
Mais le chagrin a bien son prix,
Il nous rend l'amitié plus chère ;
Et vous ne pouvez qu'à demi
Du plaisir connaître les charmes,
Lorsque, dans le sein d'un ami,
Vous n'avez pas versé de *larmes.*

Nous trouvons, quand l'hiver s'enfuit,
Plus d'attraits aux présens de Flore ;
La sombre pâleur de la nuit
Ajoute à l'éclat de l'Aurore ;
La douleur donne à la santé
Et plus de prix et plus de charmes :
Ainsi, la riante gaîté
Sort, plus vive, du sein des *larmes.*

Sur les lèvres de la beauté,
J'aime à voir un joli sourire ;

Mais l'Amour n'est pas la gaîté,
La gaîté rit, l'Amour soupire.
A la folle vivacité
Je ne rends pas toujours les armes;
Et je n'ai jamais résisté
A la beauté versant des *larmes*.

Les *larmes* sont la voix du cœur,
Et le cœur entend leur silence ;
De la faiblesse et du malheur
C'est la plus puissante éloquence.
Timide enfant, combien de fois,
Avec des pleurs, tu nous désarmes!
Non, la plus séduisante voix
N'a pas le pouvoir de tes *larmes !*

Les amans, au lever du jour,
Vont guetter la naissante rose ;
Pour en faire hommage à l'Amour,
Ils brûlent de la voir éclose.
Cette aimable fleur, à leurs yeux,
Pourrait-elle offrir tous ses charmes,
Si l'Aurore, en ouvrant les cieux,
Ne l'arrosait pas de ses *larmes ?*

Grand Racine, peintre enchanteur,

Toujours sublime et toujours tendre ,
Combien l'on trouve de douceur
Aux larmes que tu fais répandre !
Chez nous , pour se faire admirer ,
Tes rivaux prennent d'autres armes ;
Si , parfois , ils nous font pleurer ,
C'est en nous faisant rire aux *larmes.*

MORALITÉ.

AIR : *Toujours, toujours, il est toujours le même.*

PAUVRES humains, quelle est votre existence ?
    Naître et gémir,
        Grandir,
        Languir,
        Vieillir,
    Voir la mort accourir,
    Et la craindre d'avance,
    Respirer pour souffrir,
    Et souffrir pour mourir,
Voilà pourtant toute votre existence !

A BAS L'AIL!

Traduction de l'ode d'HORACE.

Parentis olim, etc.

Un fils a-t-il frappé son père ?
Il faut qu'un supplice exemplaire
Serve aux humains d'épouvantail.
Pour ce malheureux ; la ciguë
Ne serait point assez aiguë,
Mais faites-lui... manger de l'*ail*.

De fer, sans doute, il se hérisse,
Ou de pavés il se tapisse,
Le dur gosier du moissonneur,
Qui, tous les jours, avec ivresse,
Pour calmer la faim qui le presse,
Croque ce mets empoisonneur !

Dans mon sein, quel démon fait rage !
A-t-on mêlé, dans mon potage,
Le sang venimeux d'un serpent ?
Ou bien la sale Canidie

A-t-elle, de sa main flétrie,
Préparé ce plat dégoûtant ?
Oui ! la malfaisante Médée,
D'un funeste amour possédée,
Frotta d'*ail* le fameux Jason,
Et son odeur insupportable
Repoussa le monstre indomptable
Qui lui disputait la toison.

Les riches présens qu'elle étale
Aux yeux trompés de sa rivale,
D'une gousse d'*ail* sont frottés ;
Et contente de sa vengeance,
Médée, au sein des airs, s'élance
Sur ses griffons épouvantés.

Dans l'ardeur de la canicule,
L'odeur infecte qui circule
Sur les rivages africains,
Quand la mort partout l'accompagne,
Répand, dans la triste campagne,
De moins redoutables venins.

Sur l'affreux bûcher qui le brûle,
Hercule, l'intrépide Hercule,
D'un feu moins vif est dévoré,

Lorsqu'avec effort il expire
Dans le manteau que Déjanire,
Pour son supplice, a préparé.

Ne mange donc plus d'*ail*, Mécène,
Ou fassent les Dieux, pour ta peine,
Que désormais, toute la nuit,
Avec horreur fuyant ta bouche,
Le dos tourné, Flora se couche
Tout-à-fait sur le bord du lit.

~~~~~~

COUPLET
A DABAYTUA,

qui prétendait que son nom ne pouvait
pas entrer dans un vers, et qui me per-
mettait de critiquer une pièce de lui,
pièce qui pèche par le fond, mais qui
offre de jolis détails.

AIR : En quatre mots, je vais vous conter ça.

DABAYTUA,
D'un plan s'infatua ;
Auteur il se constitua,
Puis il s'habitua
A compter sur un ouvrage
Farci de marivaudage :
Il prostitua
Grands mots choisis, fort bien les ponctua,
Et les accentua,
Long-tems s'évertua :
Mais ce plan, qu'il effectua,
Tua
Dabaytua.
~~~~~~

PROMENADE CHAMPÊTRE.

O mes amis! à la campagne,
Que j'ai passé d'heureux instans!
Par un des beaux jours du printemps,
Je pars, mon livre m'accompagne:
Contre les ennuis du chemin,
Un bon livre est une ressource;
Jusqu'à Rome, Voltaire en main,
Sans peine, je suivrais ma course.
Que je vois un joli hameau!
Quelle touchante rêverie
Porte à mon âme ce ruisseau
Qui murmure dans la prairie!
Que tout est frais! que tout est beau!
Quelle variété brillante!
Quelle richesse de couleurs!
Chaque pas, à mes yeux, présente
Nouveaux fruits et nouvelles fleurs;
Tout me captive, tout m'enchante.
Ici, je vois, sur un coteau,
L'heureux espoir de la vendange;
Plus loin, s'offre un autre tableau,

IMPROMPTU,

à une dame qui copiait des vers.

AIR : Trouver le bonheur en famille.

Au lieu de voir, par votre main,
S'embellir les œuvres des autres,
Je voudrais, aimable écrivain,
Posséder un recueil des vôtres.
Vous pouvez disputer le prix
Au Parnasse comme à Cythère :
Si l'on se peint dans ses écrits,
Les vôtres sont bien sûrs de plaire.

~~~~~~~~~~~~~~~~~~~~~~~~~~~~~~~~~~

MON BOUQUET.

CHANSON.

AIR de la croisée.

DES Muses, joyeux nourrisson,
Je suis un rimeur fort aimable ;
Je suis un fort joli garçon,
Et j'ai de l'esprit comme un diable.
Je n'ai pas le moindre défaut,
Je fais conquête sur conquête ;
Enfin, pour tout dire en un mot,
    C'est aujourd'hui ma fête.

Direz-vous que de mes couplets
Le public ne s'occupe guere ;
Que les railleurs et les sifflets,
De temps en temps, me font la guerre,
Et que le journal des *Débats*
M'a quelquefois lavé la tête ?
Non, non, vous ne le direz pas,
    C'est aujourd'hui ma fête.
~~~~~~~~~~~~~~~~~~~~~~~~~~~~~~~~~~

Ne dit-on pas au lourd Martin
Que sa tournure est élégante,
A Nanon, qu'elle a l'œil lutin,
A Françoise, qu'elle est charmante,
A Crépin, qu'il a du crédit,
A Nicaise, qu'il n'est pas bête?....
Et vous savez qu'on ne le dit
  Que le jour de leur fête.

Un jour de fête est un beau jour!
Convenez-en tous, à la ronde,
Ce jour-là, chacun, à son tour,
Est le premier homme du monde!
Chantez-moi donc, flattez-moi tous;
Du Parnasse offrez-moi le faîte:
Amis, j'en descendrai pour vous
  Le jour de votre fête.

IMPROMPTU,

A M.lle R E I N E E Z...,

la veille de son mariage.

A I R : On compterait les diamans.

LES Amours, dès votre berceau,
Vous ont donné le nom de Reine :
Ils voudraient quitter leur bandeau,
Près d'aussi belle souveraine :
Le don charmant de votre cœur
Fait dire aux enfans de Cythère :
Que, si vous n'étiez pas leur sœur,
Dans neuf mois vous seriez leur mère.

On danse à l'ombre d'un ormeau.
J'avance, le spectacle change :
Je vois le laboureur charmé ,
De ses moissons, combler sa grange.
Que ce spectacle est animé !
Que la simple nature est belle !
Faudra-t-il me séparer d'elle ,
Pour vivre, à Paris, enfermé ?
Restons dans ces lieux pleins de charmes ;
Paris , je te fais mes adieux ! . . . .
   Ainsi je parlais , et mes yeux
De volupté versaient des larmes.
J'entends sonner. . . . . Quel bruit nouveau !
Je regarde. . . . . Où suis-je ? . . . . ô *Delille !*
Loin des champs et loin du hameau.
Je suis dans cette triste ville ;
L'illusion me promenait ,
Séduit par tes pinceaux magiques ,
J'étais seul , dans mon cabinet ,
Et je lisais tes *Géorgiques.*

ÉPITAPHE

D'UN EX-POÉTE,

ex-tout ce qu'il vous plaira.

A I R : Citoyen ci-devant prévôt des marchands.

J'AI fait des pièces, des rapports,
Semblables, sous tous les rapports;
Car je faisais rapports et pièces
Avec des pièces de rapport;
Tous mes rapports étaient sans pièces,
Toutes mes pièces, sans rapport.

LA PETITE PROMENADE.

ANECDOTE.

« Margot a vu sa dernière heure !
De mes tourmens ayez pitié,
Laissez-moi suivre ma moitié…..
Jusqu'à sa dernière demeure !»
Ainsi parlait le vieux Martin,
Suivant le convoi de sa femme,
Et croyant prier pour son âme,
Parce qu'il lisait du latin.
Dans son funèbre domicile,
Quand ce doux objet fut placé,
Lorsque Martin, d'un air docile,
A l'Eternel eut adressé
Un *requiescat in pace*,
Pour que Margot restât tranquille,
Par l'heure et le besoin pressé,
Notre homme retourne à la ville.
Aussitôt qu'il rentre au logis,
A le calmer on se dispose :

Il faut que Monsieur se repose,
Disent les voisins, les amis;
Depuis hier il n'a rien pris,
Il faut qu'il prenne quelque chose.
« Ma foi, votre avis est le mien;
La retraite ne me vaut rien:
Ces jours-ci, j'étais tout malade,
Cette petite promenade
M'a fait, vraiment, beaucoup de bien.

COUPLET

chanté avant la première représentation
de mon premier ouvrage qui avait pour
titre :

LE NEZ,

imité d'un chapitre de ZADIG.

AIR de la croisée.

ZADIG est un conte charmant,
Dont vous connaissez tous le père,
Nous craignons bien, en ce moment,
D'avoir défiguré Voltaire ;
Nous nous croirons trop fortunés,
Si, dans une crise pareille,
Lorsque nous vous donnons *le nez*,
Vous nous prêtez *l'oreille.*

———

~~~~~~~~~~~~~~~~~~~~~~~~~~~~~~~~~~~~

LA MORT SUBITE.

CHANSON DE TABLE.

AIR : *Mon père était pot.*

VIVE l'amour ! vive le vin !
Vive la chansonnette !
Vive un brillant et long festin !
Et vive la fillette !
Vive la gaîté !
Vive la santé !
En joyeux Sybarite,
Je dis prudemment :
Pour finir gaîment,
Vive.... *la mort subite !*

La mort subite, mes amis,
Est un présent céleste ;
A nos trousses, l'enfer a mis
Et la fièvre et la peste.
Un docteur souvent,
Quoique très-savant,
~~~~~~~~~~~~~~~~~~~~~~~~~~~~~~~~~~~~

Par ses soins les irrite ;
Mais pour les guérir,
Ou les prévenir,
Vive *la mort subite !*

L'amour, la gaîté, l'apétit,
S'éloignent d'un malade ;
Le pauvre diable, dans son lit,
Languit, triste et maussade.
Je lis, dans ses yeux,
Qu'il vaut cent fois mieux,
Pour être plutôt quitte,
Mourir *bien portant*,
Partir en chantant :
Vive *la mort subite !*

Lorsque Bacchus vient vous saisir,
De sa riante ivresse,
Quand vous saisissez le plaisir
Auprès d'une maîtresse ;
Pour fuir les regrets
Que l'instant d'après
Vous apporte à sa suite,
En sautant le pas,
Ne diriez-vous pas :
Vive *la mort subite !*

Voyez ces généreux soldats,
Fiers amans de la gloire :
S'ils périssent dans les combats,
Ils vivront dans l'histoire !
Aux heureux guerriers,
Qui, sur des lauriers,
Traversent le Cocyte,
On dresse un autel ! . . . .
Pour rendre immortel,
Vive *la mort subite !*

Chaque matin, mille journaux
M'offrent leurs plats mensonges ;
Chaque soir, mille auteurs nouveaux,
M'offrent leurs tristes songes.
Ces bourreaux du goût
Me suivent partout :
En vain je les évite ;
Mais, avant la nuit,
Ils *meurent* sans bruit.
Vive *la mort subite !*

Oui, *la mort subite*, à mes yeux,
Est un bienfait notoire :
C'est la mort que j'aime le mieux ;
Mais j'aime encor mieux boire !

De boire avec vous,
Si le sort jaloux
Vient me priver trop vîte,
Je le dis, d'abord,
Au diable la mort ! . . . .
Même *la mort subite !*

———

~~~~~~

INSCRIPTION

POUR LE BUSTE DE J. J. ROUSSEAU.

AIR d'Arlequin afficheur.

A former nos mœurs et nos lois,
Ce bon cœur travailla, sans cesse,
A l'homme il a donné ses *droits*,
Son *Héloïse* à la jeunesse,
Et peu content, s'il n'obtenait
La commune reconnaissance,
En même temps, il destinait
Son *Émile* à l'enfance.

———
~~~~~~

LE CORBILLARD.

CHANSONNETTE.

AIR du pas redoublé de l'infanterie.

Que j'aime à voir un *corbillard* !
    Ce début vous étonne ?
Mais, il faut partir, tôt ou tard,
    Le sort ainsi l'ordonne ;
Et, loin de craindre l'avenir,
    Moi, dans cette aventure,
Je n'aperçois que le plaisir
    De partir *en voiture.*

En voiture, nos bons aïeux
    Se plaisaient ; mais du reste,
Chez eux, quand on fermait les yeux,
    On était plus modeste.
Nous n'avons pas, vous le voyez,
    Leur ton, ni leur allure ;
Nous mettons les vivans à pieds,
    Et les morts *en voiture.*

Le riche, en mourant , perd son bien ;
    Moi , je vois tout en rose :
Je n'ai rien , je ne perdrai rien ,
    C'est toujours quelque chose ;
Je me dirai : D'un parvenu
    Je n'ai pas la tournure ;
Pourtant, à pied je suis venu ,
    Et je pars *en voiture.*

De ces riches , qu'on trouve heureux ,
    Quel est donc l'avantage ?
Ils font , par des valets nombreux ,
    Suivre leur équipage.
Ce luxe ne m'est point permis ,
    Ma richesse est plus sûre ;
Un jour , on verra mes amis
    Derrière *ma voiture.*

A mon départ , en vérité ,
    Je songe , sans murmure ,
Pourvu que , long-temps , la gaîté
    Remise ma voiture.
O gaîté ! lorsque tu fuiras ,
    Invoquant la nature ,
Je dirai : Fais , quand tu voudras ,
    Avancer *ma voiture !*

IMPROMPTU

A Mlle. A....

qui me faisait remarquer un éventail que
son père venait de lui donner.

AIR de la croisée.

Ce présent, sans doute, est fort beau :
Dans vos mains, surtout, je l'admire.
Mais que fera d'un tel cadeau
La beauté pour qui je soupire ?
Zéphyr joue avec volupté
Sur les fleurs nouvelles écloses :
A-t-il besoin d'être excité,
  Pour caresser les roses ?   (*bis.*)

IMPROMPTU,

A M^{de}. OLIVE D....

AIR de la Croisée.

RIEN ne plaît à l'œil enchanté
Comme une belle, *au teint de rose* ;
Dès qu'on veut peindre la beauté,
En *Rose* on la métamorphose ;
La Rose est la reine des fleurs,
C'est la plus fraîche et la plus vive :
Mais je la trouve sans couleurs
    Auprès du *teint d'Olive.*   (*bis.*)

Ah ! si d'*Olives* comme toi,
L'éternel eut peuplé la terre,
Le sauveur n'eût pas, sur ma foi,
Si fort redouté le Calvaire ;
Loin d'y chanter, avec douleur,
Des hymnes tristes et plaintives,
Il aurait trouvé le bonheur
    Au jardin des *Olives.*

BILLET D'INVITATION,

POUR UN MARIAGE.

A I R : Nous nous marierons, dimanche. (vieux style.)

Soyez satisfaits,
Cocus que j'ai faits,
Vous prendrez votre revanche;
L'Hymen, enchanté,
Guette une beauté,
Jeune, fraîche, vive et blanche;
Guillot, connu
Pour avoir l'hu—
meur franche,
Est le garçon
Pour lequel son
Cœur penche;
Il obtient sa main,
Le surlendemain
Du lendemain
De *dimanche*.

~~~~~~

COUPLETS à PIERRE F....

Air des fraises.

On voit bien des vers mauvais
Mourir chez l'épicière ;
Pour qu'ils durent à jamais,
Messieurs, faisons des couplets
  Sur Pierre.   (*ter.*)

Sans pierres Deucalion
N'eût pas peuplé la terre,
Et, dans mainte occasion,
L'Amour se servit, dit-on,
  De Pierre.

J'aime, surtout, sa douceur,
Son joyeux caractère ;
Nos Crésus, sur mon honneur,
Devraient tous avoir le cœur
  De Pierre.

Si Dieu, quittant son courroux,
Exauçait nos prières,
Pour nous faire un sort bien doux,
Il ferait pleuvoir chez nous
  Des Pierres.
~~~~~~

~~~~~~~~~~~~~~~~~~~~~~~~

DE PROFUNDIS!

OU

RONDE MORTUAIRE,

pour être chantée à l'enterrement de
de l'auteur.

A I R du vaudeville de Jean Monnet.

Un enfant du Vaudeville
Visite les sombres bords ;
Comme il chantait par la ville,
Il va chanter chez les morts.
    Bien portant,
    Il fit tant,
Tant chanter, qu'il vous supplie,
En mémoire de sa vie,
De l'enterrer en chantant.   (*ter.*)

De ses plaisirs idolâtre,
~~~~~~~~~~~~~~~~~~~~~~~~

Jamais le pauvre *Gouffé*
Ne descendit du théâtre
Que pour entrer au café.
Il lui faut,
Pour tombeau,
L'un des coins de la rotonde,
Pour épitaphe, une ronde,
Et, pour cercueil, un tonneau.

Du noir poison de l'envie,
Son cœur ne fut point gonflé;
Il ne siffla de la vie,
Et fut quelquefois sifflé.
Qu'un couplet,
Qui déplaît,
Soit sifflé, chancelle et tombe;
Mais que l'auteur, dans la tombe,
Soit à l'abri du sifflet.

Il fit beaucoup de *bluettes*
Et de grotesques tableaux;
Il mit bien des chansonnettes
Dans les almanachs nouveaux :
Maint témoin,
Au besoin,
Vous dira que, par la suite,

S'il n'était pas mort si vîte,
Il aurait été plus loin.

Il suivait, dans la carrière,
Collé, Pannard et Favard;
Pour ne pas être en arrière,
Il était venu trop tard.
Les revers
De ses vers
Lui firent souvent comprendre
Qu'un rimeur ne doit prétendre
Les rattraper qu'aux enfers.

S'il peignit le Val-de-Vire,
Le Pont-Neuf, Vadé, Piron
Et Cri-Cri, qui fit tant rire,
Quoiqu'il ne parût pas bon,
C'était pour
Qu'un beau jour,
Puisqu'on peint tout à la file,
Quelque peintre, au Vaudeville,
Daignât le peindre à son tour.

Vous, chansonniers, ses modèles,
Vous, chansonniers, ses rivaux,

Faites des chansons nouvelles,
Doublez vos joyeux travaux.
Aujourd'hui,
Sans appui,
Gouffé, qui fit, à la ronde,
Des chansons pour tout le monde,
Attend qu'on chante pour lui.

Vous, messieurs de la cabale,
Votre triomphe est passé ;
Vous ne sauriez, sans scandale,
Insulter un trépassé.
Harrassé,
Terrassé
Par votre tactique infâme,
Ah ! lorsqu'il a rendu l'âme,
Requiescat in pace.

FIN.

~~~~~~~~~~~~~~~~~~~~~~~~

TABLE

DES PIÈCES

contenues dans ce recueil.
~~~~~~~~~~~~~~~~~~~~~~~~

FIN DE LA TABLE.

OUVRAGES NOUVEAUX,

Qui se trouvent chez le même Libraire.

ALMANACH DU COMMERCE DE PARIS , pour l'an X , rédigé par les Cit. *Duverneuil* et *de la Tynna*. Prix , pour Paris , 6 fr. , et 8 fr. 4o c. franc de port.

Cet ouvrage fait d'après un nouveau recensement , contient les noms et demeures des banquiers , agens de change nouvellement nommés , courtiers de commerce , négocians , commissionnaires en tout genre , fabricans , marchands, notaires, agens d'affaires , maîtres de langues ; suivis des adresses des principaux *non-commerçans* , des foires de la république , du départ des postes , des messageries , des tribunaux , avec la liste des avoués près du tribunal , —du consulat , du conseil d'état , du sénat conservateur, du corps législatif , du tribunat , des bureaux des ministres , les attributions et les noms des chefs de chaque bureau , de la trésorerie , de la banque nationale , de la caisse de commerce , etc. etc. etc.

PORTE-FEUILLE FRANÇAIS , pour l'an X (1802), ou Choix d'épigrammes , contes , fables , chansons , couplets , anecdotes , tant en vers qu'en prose , etc. auquel on a joint l'analyse critique des ouvrages dramatiques qui ont été joués sur les différens théâtres de Paris en l'an 9 , en citant les couplets qui ont le

plus fait plaisir , au théâtre Italien , au Vaudeville , etc. Troisième année.

> Il faut chanter,
> Il faut rire.
> MÉLOMANIE.

1 vol. in-12 , orné d'une jolie gravure et
d'un calendrier. Prix , 1 fr. 5o c. , et 2 fr.
franc de port.
Les deux premières années , même prix.

ANERIES RÉVOLUTIONNAIRES, ou *Balourdi-
siana , Bêtisiana , etc. etc. etc.* anecdotes
de nos jours.

> Puissent-elles vous faire rire
> Autant qu'elles ont fait pleurer.

1 vol. in-18, ORNÉ d'une gravure enluminée,
représentant l'intérieur d'un comité révo-
lutionnaire. 1 fr. pour Paris , et 1 fr. 25 c.
franc de port.

CHANSONNIER DES MUSES , pour l'an X (1802),
deuxième année.

> Tout ce qui prête enfin
> Au refrain ,
> Chez nous on le chansonne.
> VAL—DE—VIRE.

1 vol. in-18 , orné d'une jolie gravure et
d'un calendrier. 75 c. pour Paris , et 1 fr.
franc de port.

LYRE D'APOLLON , Chansonnier pour l'an X
(1802). 1 vol. in-18 , orné d'une jolie gravure et d'un calendrier. 75 c. pour Paris , et
1 fr. franc de port.

N o t a. La même Maison se charge
toujours de la commission pour Paris, les
départemens et le pays étranger. Quant à
Paris, cet établissement y est avantageuse-
ment connu pour envoyer, dans toute l'étendue de cette grande cité, tous les ouvrages
qui y sont annoncés, soit par les journaux
ou catalogues, sans exiger aucune rétribu-
tion que celle fixée pour le prix du livre que
l'on désire, et dont on veut bien détailler le
titre en entier sur la lettre de demande.

Les habitans des départemens jouissent des
mêmes avantages (en ajoutant le prix fixé pour
le franc de port), mais ils reçoivent, port
franc, en se conformant aux conditions sui-
vantes.

1. Les ouvrages doivent être demandés
exactement tels qu'ils sont désignés sur les
journaux ou catalogues, au cit. Capelle,
commissionnaire en librairie, rue J. J. Rousseau, n°. 346, à Paris ; 2. les envois ne pourront être au-dessous de la somme de 25 fr.
pour les communes dans le rayon de Paris à
100 lieues ; de 30 fr. pour celles de 100 à 150,
et de 40 fr. pour toute l'étendue de la république ; 3. les lettres doivent être affran-
chies ; 4. l'argent sera envoyé d'avance,
également franc de port, à l'adresse ci-des-
sus, ou à telle autre personne de confiance,
qui se chargera de nous le remettre sur notre
reçu ; ceux qui ayant un correpondant à Paris, nous chargeront de lui remettre l'envoi
pour partir à leurs frais, obtiendront une di-
minution de 8 pour 100 ; 6. il sera donné 5
centimes par fr. pour frais d'emballage ; 7. les
circonstances ayant forcé quelques libraires

de faire circuler des catalogues au *rabais*, et la médiocre remise qu'ils font sur ces sortes d'ouvrages ne nous suffisant pas pour les envoyer franc de port, il ne pourra être demandé sur les catalogues au *rabais* que pour le cinquième de l'envoi.

Les personnes qui nous honoreront de leur confiance, voudront bien donner leur adresse exacte, et celles qui se trouveront sur une route de traverse ou détournée qui n'est pas pratiquée par les voitures publiques, sont tenues d'indiquer l'endroit le plus voisin de leur résidence servi par les messageries, et d'y désigner quelqu'un à qui l'on puisse adresser l'envoi pour leur être remis.

Quant aux libraires des départemens et des pays étrangers, ils traitent de gré à gré avec nous ; mais nous ne saurions trop répéter à ceux qui nous envoient des marchandises en commission, d'en payer provisoirement le port, ainsi que celui de leurs lettres.